中國詩歌藝術學會編

文史哲詩叢

詩藝飛揚

文史哲出版社印行

序

中國新詩自胡適先賢的「嘗試」迄今，將近九十個春秋，無論在語言的創造或表現技巧，都有過大膽的嘗試與改良。在此漫長的歲月中，有過千千萬萬的詩人苦心焦慮努力耕耘，企圖在詩的長河中創造出一片燦爛天空。不管是要求縱的繼承或橫的移植，都有了歷史的證明，毋需我多作贅述。

緬懷先賢們的苦苦耕耘，環視當前詩壇的蓬勃發展。本會同寅基於對新詩的執著，年初，有人提議出版一部詩選，作為「中國詩歌藝術學會」的里程碑。這個建議立即獲得熱烈的迴響，並推出潘皓、麥穗、金筑、一信、台客等人為編選委員，並推潘皓為召集人。從著手約稿、審稿、編稿，乃至付印，前後不及半年，如此神速，不能不令人欽敬其作業精神，由於篇幅所限，難免會有遺珠之憾。

本會自創會以來，始終堅守廣納百川的江海胸懷，為中國詩長城砌上一塊堅實的磚頭。我們不標新立異，也不搖旗吶喊，更不會結黨組派，只執著對詩的忠愛，寫出更好的詩，為中國新詩史鑲入一顆璀璨的鑽石，光輝史冊。

遠在二〇〇〇年六月間，本會曾編印出版過「五月詩穗」詩選，由秦嶽主編，計選入會員作品六十餘家，受到詩壇矚目，佳評不絕。

今天是明日的歷史，個人的生命有限，詩的歷史無垠。我們是一群締造歷史的詩人，在詩的版圖上，我們會站隱腳跟，一步一步，向完美的新詩國度邁進。今年編印「詩藝飛揚」詩選，也正是朝著這個方向邁進，不僅讓個人的生命走入歷史，更期盼我們創造的詩能成為歷史的證言。因而，這部詩選所選的作品，都是擲地有聲的鏗鏘之作。

編詩選，最難的是「面面具到」，而又不流於「濫竽」充數。幸而，這部詩選，只限於「中國詩歌藝術學會」會員為選詩對象，且以各位詩人自己挑選自認為得意之作，至少是自己認為較滿意之作，如此，也就使這部詩選具有相當的代表性和歷史價值。

本會會員原有一百多人，因分佈地區遼闊，聯繫不易，又受編選時間限制。所以，只選入八十三家，每人所佔篇幅以五至六頁為原則。因此，難免會有不周延之處，如過長的詩，或過多的詩，都只有用削足適履之痛，使這部詩選如期完成編印、出版。

如今，詩選要出版了，編委會要我寫幾句話。基於我謬膺理事長之職，不得不濫竽充數塗上這幾筆，以謝眾詩友之厚情，至感！

周伯乃

二〇〇三年十月六日

詩藝飛揚　目錄

一　信作品

服裝模特兒

一小步就跨過傳統
再一步跨越女性主義
曼步走過相同或不同觀念觀點
一步步走成風向　風尚　風潮
隨手摘些花給大家吃
有時用貓或鷺鷥的腳
　踢大家眼睛　嘴舌

你看你的風景　我穿我的季節
你說你的故事　我走我的戲劇
魚一般地游　鳥一樣地飛
走著　游著　飛著

無意間把美工旋轉成歷史

戰爭模特兒

人道主義之外　霸權感覺之內
宗教感覺之外　英雄主義之內
小步踐踏生命　大步踩成毀滅

伸展台上　走　走　走
一隻獸　一群狼　坦克　核彈
最炫的武裝　展示風光

掌聲雷動　歡呼聲轟動
掩蓋了所有之無力噓聲　以及
喟嘆聲　悲哭聲　屠殺慘呼聲

七十有夢

老年之歲齡　經威而鋼數位化後

排列出很多異數　很多色數
一對恐龍情侶　遠自
侏羅紀奔來看望我
攜帶　原始的情與慾

一位滿面風霜　滿臉倦容
　絕世聰慧　有絕世風度　她
攜盛唐詩酒　南唐詞情
及科技營養　現代浪漫
穿過後現代伴我作瞬逝春夢

七十有夢　夢與壯年李白互搶
把豪放詩句及酒與掛在歷史牆壁上
也夢與白居易實驗　解構
天地間的比翼鳥　連理枝
以及天長地久　愛與恨質量之
重組後物化比值

七十有夢　夢見將滿頭白髮
放進保險箱中換出裸體珍珠
在枕蓆間數位化成黃昏異數
與坦露很豔很炫之魔幻異色

戰爭在魔術方塊中輪迴

戰爭的系數演算成死亡函數
死亡的函數演算成仇恨系數
演算　盤算　最後得數總是
殺戮與悲痛之和

霸權緊握著利益　製作意識思維腳本
戰爭手法導演多場多幕悲劇
響而尖厲的掌聲或哭泣都配音播出
顏色場景不斷轉換方向及角度

求證了很多歷史　旁證出很多是是非非
採證基因及染體　分析再分析
勝利　確是唯一鐵證
亦是不容置疑之偏頗真理

和平總跟隨在高密度死亡傷殘後
用血鑄造沒有靈魂之定律
毀滅氛圍與勝者威權形象
凝固成政治魔術方塊　且恣意轉變

報復又報復之血雨　到處灑落
無人在翻轉中真誠找出源頭
血雨灌溉之土地不分肥沃與貧瘠
野草的語言在反覆轉換中互相詛咒

解套　解套　拆掉魔術方塊

作者簡介

一信，本名徐榮慶，一九三三年出生於武漢、漢口市。曾任編輯、主編、教員、講師、公營事業單位課長、專員、副經理、同簡任職退休。曾主編《中國新詩》及青年寫作協會、文藝協會、新詩學會等會刊及選集等十餘種刊物。著有詩集《夜快車》《時間》《牧野的漢子》《婚姻有哭有笑有車子》《一信詩選》《一隻鳥在想方向》《一信短詩選》另《愛情像風又像雨》付印中，《一信詩話》籌印中，及評論集、叢書、專題研究……共二十餘種。曾獲中華民國青年學藝競賽新詩獎、詩人節詩運獎、文藝獎章新詩創作獎、詩教獎、詩歌藝術學會詩歌創作獎、中山文藝創作獎及其他獎項共十餘次。現仍努力於新詩及詩評論創作不輟，且作品較前爲豐。

丁　潁作品

春的感知

那個大雪人的眼淚
埋葬了，冬的影子
大地的脈流
注以甦復的血輪
逐漸地，膨脹、迴旋
以不可測的，生之流量
越過冰封的日子
而一新的感知與驚喜
滾動在，佈穀鳥的舌尖上
我側耳傾聽，泥土中
有釋放的吶喊
幽禁的生命

已醒來，微笑
向東方，在春的第一道晨曦裡

春醒

踩著晨曦與清露，微微地
我聽見泥土中的呢喃
她就那麼的，自甜眠的
　　孕育中醒來
長長地睫毛上
猶掛著冬的迷濛
而一串串生命的喜悅
乃自她玫瑰的微笑中
誕生

紅葉

是誰，偷偷地
把秋剪貼於少女的雙頰

於是，整個的宇宙都醉了
以全燃的感情
以西風的姿

雪戀

一別三十載，如今重逢異邦
我擁抱你於零下九度的溫哥華
你輕吻著我的面頰，柔柔地、濕濕地
伴著盈眶熱淚，流入我童年的甜蜜

你繽紛的舞姿，依舊輕盈美妙
而我已腳步蹣跚，兩鬢飛霜
何年能擁你於故國
我當高吟著陶潛的「歸去來兮」
攜你載欣載奔
雪啊！你是我少年情人
還記得躺在你懷裡嬉戲

在你冰肌玉體上打滾
臘月除夕，伴你與家人圍爐共聚
今日你我邂逅他鄉，卻沒有家人相陪

雪啊！你重燃我少年的戀情
亦撩起我積壓心頭卅年的鄉愁
以及，對大明、西子的懷思
今夜，你的裙裾會飄過北中國的原野
留我在千萬里外，悵對滿天風寒
再度和你揮別

後記：一九八〇年十二月六日由東京抵加拿大，冒風雪遊溫哥華公園，臨山環水，頗有西湖風貌，是夕轉飛秘魯，悵觸之餘，感而作此。

霧

不是輕紗，亦非淡煙
而是心靈的抒展

一朵小詩蕾醒來的朦朧
一種不可觸及的
生命的美

作者簡介

丁穎，原名載臣。安徽省阜陽市人。一九二八年生於潁水之濱。髫齡失恃，養於舅氏。姑表雁序人稱六少而不名。七歲執禮謁聖，就讀鄉黨小學，中日戰起遂負笈他鄉。後卒業安徽大學中文系。四十九年來台從事文化教育工作。先後曾任記者、教員、「亞太時報」、「全民生活雜誌發行人」、中國郵報發行人兼社長、「掃蕩周刊」、「中國風雜誌」總編輯等職。現任藍燈文化事業股份有限公司董事長、世界論壇報發行人、安徽元通房地產開發公司董事長、河南開封大學名譽校長兼副董事長。著詩集《第五季水仙》、《濁流溪畔》、散文集《南窗小札》、《西窗獨白》、小說集《白色的日記》。編著《心靈札記》、《傳鐘下的投影》等。曾與友人創辦「明天詩訊詩刊」、「詩潮詩刊」等刊物。

丁文智作品

老壁鐘

在懸著的三百六十度裡轉
且又是經年累月
且又是如此之命定

縱不暈
卻走的孤苦
　　煩

反正　終須忍
內心的動盪　也終須
由顫抖的三針承受與消散

因之　再多無奈
也終須將疲憊的腳步
重重提起
只想　早早走完
這趟深而黑且又圓而不滿的
　生之被動

髮

染
或不染
兩造　皆有說詞
若　原白
無異將那片招搖在頭頂上的芒
改在心底凋零

若　染黑
是不是就能掩蓋蒼白人生
　　歲月走痕

若　否
豈不白白讓它折磨
這層層無能轉折的心思

看來
不如　剃了的好

守

——側寫救溺身殉的林添楨

也不純然是為了想得到什麼
反正　就是那麼因緣際會的噗通一聲

便一命陪一命的直墜海底

剎那
連天連海連徘徊的風
都跟著無措起來　黯然起來　動容起來

而因感動被激勵的人心　也
正自冷漠中快速釋放
恍恍然　如朵朵盛開的血花
在人們生命的頂端掩映　馥郁

之所以
仍有這許多的無法釋然讓人難以承受
肇因一件平常救溺事件
竟逼成無能轉圜的大憾後
天就再也繫不住你的重
海也就再也推不開你的堅持

而　感動的冥府
也才一浪一浪
把你們尊尊貴貴恭恭敬敬的送出

其實你已用凝血成石把人性純度磨亮
以骨燐之火遍燃千秋後世皓皓人生
那為何還要
還要以真像假身悠悠的守

守那些不時的驚天呼地
守那被雲切成塊狀而零售的無奈天空
以及野柳千尺縱橫的海蝕平台
並繼之以堅毅以果敢　以
無所不及的那雙長臂
不輕不沉的牢牢舉起
舉起那些隱隱下沉的墮性　或
冷自血脈中那些些尚待醒活的恤憫

作者簡介

丁文智，一九三〇年生，山東諸城人，早年曾參加「現代派」，現爲「乾坤」詩社同仁，「創世紀」詩社社長。作品包括詩、散文、小說等。著有詩集《一盆小小的月季》、《葉子與茶如是說》、《丁文智短詩選》及長短篇小說十餘部。曾獲有軍中文藝金像獎、陸軍文藝金獅獎。

王　幻作品

四代情

——寄給北京小甜甜

一九九五年長城內外秋高氣爽
妳在襁褓的呵護中與我見面
我捧著北京朝陽門的一束晨光
掛在妳剛滿月的小臉之上
依稀復依稀地我似乎記得
曾經抱過妳這個外孫女的女兒
無情的歲月載動有情的夢影
一眨眼妳已是國小二年級的學生

妳外婆打北京寄來妳的照片
我端詳老半天妳的那雙丹鳳眼

如果我的老眼還不太昏花的話
它的神色倒像妳媽媽的外婆

妳當然對我這位海外的太老爺
沒有留下印象中的微茫印象

將來妳記得我也好忘記我也好
妳總是綿綿瓜瓞上的小瓜瓞

光之頌

——除夕燃燭祭祖有感

一旦成為臘燭

便註定了
引火自焚的宿命
能燃燒自己照亮黑暗
總比無光無熱
更具生之意涵

不論紅燭
或是白燭
那就盡情的燃燒吧
在尚未成灰之前
讓滾燙的熱淚
從唐代李商隱的詩句
伴著《玉谿》的嘆息
一直流、流到現在

把黑暗驅離
把數典忘祖驅離

抱持焚膏達旦的笑啖
即使最後只剩下
一頭滄桑也要揚眉舉起
黎明的火炬

註：李商隱別號《玉谿生》。

七七生日述懷
——一隻野兔的化身

丁卯年的夏天
大地泛濫一片金黃色的麥浪
我無懼南軍北伐內戰的烽火
趕在龍舟競渡之前
降生於渤海灣的浴盆裡
聽！一群白鷗為我謳歌
《生日快樂》

憶昔幼齡時
母親曾無意地說：
四月二十二日凌晨
她夢到開滿山花的郊外
追逐一隻奔跑的野兔
猛然跌了一跤
醒來之後便感覺腹部陣痛
　遂生下我這個
四海為家的浪子

我踏著詩的足跡
行吟過大漠孤煙的塞北
漫遊過杏花春雨的江南
扶搖鵬翼九萬里　飛至
中國版圖的最南端
　棲息於台海之濱
長達半個多世紀

終年面對新店溪碧潭月
讓寂寞的嫦娥為我畫像
多繪一分朦朧　也就
多溶一分憧憬
　即使陰晴圓缺不一樣
　哪！又有何妨？

作者簡介

王幻本名王家文，山東蓬萊人。國立東北大學中文系，美國世界藝術文化學院文學博士。「桂冠詩刊」、「中國詩刊」創刊人。三月詩會、中國詩歌藝術學會創會發起人。曾任新聞記者、採訪主任、總編輯、社長。早年曾任「葡萄園詩刊社」副社長、葡萄園印刷有限公司總經理。現兼任世界論壇報「世界詩壇」雙周刊主編。

從事古典詩詞及現代詩創作垂五十餘年。出版《情塚》、《時光之旅》、《秋楓吟》等新詩集。其他著作《晚吟樓詩詞集》、《鄭板橋評傳》、《屈原與離騷》、《揚州八家畫傳》、《戚繼光史話》等十餘種。

王映湘作品

嘿！這裡好像我家的祖宅大院！

踏入林園，
恍若踏進祖宅大院；
富貴宅第的氣魄，
書香世家的文雅，
一一映入眼簾；
啊，久違了久違了，
　久違故居宅第已經四十年！

林園十景，十美十全；
恍若祖宅的星雲八景。（註）

亭、樓、臺榭，迴廊相連；
拱橋、月塘，光波倒影；
廳、堂、桌、椅，古色古香；
書、畫、燈籠，蓬壁生輝；
花、木、盆栽，精緻玲瓏；
閣、屋、飛檐，思古幽情；
好相似喔！好相似喔！
林園十景，
像極了我家的祖宅大院。

撫著林園的磚頭，磚頭粘住我的手；
啊，我確定了我確定了，
　確定這磚頭來自大陸故鄉！
撫著林園的欄杆、窗櫺，
欄杆、窗櫺也粘住我的手；
啊，怎麼
——欄杆的形狀、色澤，

——窗櫺的格局、式樣，
竟然和故鄉的完全一樣！
還有，還有那，
——迴廊的彎曲、樑柱的結構，
——山楶藻梲、雕龍畫棟，
也全出自故鄉同一位工匠的巧手；
啊，好精緻喔！好傳神喔！
林園像極了故鄉我家的宅院！
再看，再看那一遍假山，
　　那一塘綠水；
假山非山，你可知那是故鄉的投影？
她留給後代，莫忘故鄉；
池水非泉，你仍可以看到魚躍成群；
她示意後人，飲水思源；

我，步步留連，眼眼依戀；
噢，林園呀，妳可知

妳已引出我的——

一長串摸得著、看得見無盡的思念……。

註：三祖父式琳公，係晚清進士，曾在朝爲官，告老還鄉後，皈依佛門，在杞麓湖畔創建萬佛寺，闢星雲八景，即：金線吊葫蘆、七橋煙柳、雙井盤龍、古柏參天、飄香萬里、沙灘晒網、漁舟唱晚、靜聞妙香，在故鄉遠近知名。進入台北林家花園，不禁觸景情生，靈思湧出，以爲我已回到故鄉的祖宅大院，特以誌之。

世紀也心疼！

曉燕，

妳彩虹般的俏容，

妳彩虹般的年華，

妳彩虹般的生命，

誰相信，

誰相信妳會遭遇到人間的大不幸！

變成惡魔手中最殘酷的犧牲品！

砍了小手指，
全身五花綁，
再用鐵錘繫身，
要讓妳永遠沉水底！
唉唉！
老天爺，老天爺呀，
你還有沒有眼睛？（人在做天在看）
她白紙般的學生犯了何罪？

唉唉，唉唉，
曉燕啊，曉燕！
難道是妳投胎投錯了國度？
　是妳出生選錯了時辰？
偏偏逢到：
—君不君，
—臣不臣，
—父不父（指日父）
—子不子（指兇手林陳高）

讓自由民主的百姓也無處喊冤！
唉唉，唉唉！
曉燕啊曉燕，
安息吧，
千千萬萬人為妳心疼！
二十世紀末的風雲怕也心疼！

作者簡介

王映湘，字竹屏，號鏡湖，筆名司馬空，王予一，雲南省河西縣人氏，生於民國十三年（一九二四）九月二十一日。測量學校戰訓班，正班、高級班畢業。曾任股員、課員、審查、工程官、課長等職。

曾任「製圖月刊」、「測量工程」、「嵐風」、「長風」、「北極星」、「南極星」、「天罡」、「九野詩社」等編輯，任「中市青年」執行編輯，現任救國團文藝寫作班指導，「古今藝文」發行人。

王君業餘寫作，已出版著作二十餘種，其長篇小說「雲天懺魂」，中篇小說「鐵漢」，曾當選電台小說廣播。

王祿松作品

明月明月

●有的人笑像花開
有的人笑像雲彩
妳的笑，像風景
是我的最愛

●願為蝶
因妳如花香
願做蛾
因妳麗如燈光

●妳用情詩咬我
找不到齒痕，而癢出笑聲
妳用媚眼咬我

找不到傷口，而心紅成玫瑰

●愛與不愛
一樣將心刺割
是誰？那聲聲啼血
凝成，詩上晶瑩的紅豆

●讓情歌唱成烈酒
讓戀語逸出狂花
讓摯愛變成燄火
讓心靈燒成彩霞

●浪遇礁石，化作明珠
霧遇陽光，變成虹彩
我本無心，遇妳而化為
水溶溶的愛

●月色贊助朦朧

夜氣贊助清涼
我的手碇泊在妳肩上
贊助著夢幻

●船外有風景
妳是船內的風景
內景更美妙
我可以抱著風景談笑

●將春風摺成信封
把花香草色，雲嵐煙光
裝進去
郵寄與妳分享

●詩燈如春月
美友似嬋娟
歌，心靈的星語
聲，唯美的低音

●蝴蝶忙著搖繡扇
為群芳搧涼
餓了，渴了
蕊兒便奉上甜糧

●相思利如刀
斷腸不見血
孤寂銳如箭
貫骨不留痕

●月下，妳的歌語
被月光洗染，潔白亮麗
借妳歌語，擦拭我的小詩
妳看它，句句瑩潔如玉

●幽夢，西湖的眼
輕鼾，美學的臉

我以微笑為筆
密密圖點

●歸來，檢視賺到的財寶
是我的唇寄放在妳頸上時
引起妳羞怯的
紅暈與微顫

●妳如花季
香傳千里
我像醉蝶
帶詩飛起

●愛淡化了愁
笑揉碎了憂
天真浪漫聯手
趕走心上秋

・用美剪笑
用眼睛為妳歌唱
用細語傳播心香
用滿面春風，載妳飛揚

・清風動袖
月明入懷
手握妳的來信
相思共我徘徊

作者簡介

王祿松，海南文昌人，一九三二年生。美國加州世界藝術文化學院榮譽文學博士。幼年隨母吳劍華女士誦經念詩唱歌，父亦民公授文章書畫及演講術。十四歲獲畫獎，十九歲全軍論文比賽第一。二十歲寫詩當日記。其後五十年間，陸續獲國家文藝詩獎，中山文藝詩獎、詩金像獎、詩金筆獎、國際藝術金鼎獎、國際藝術金牌獎、水彩畫創作文藝獎章，以及國防部頒優秀詩人獎、全國詩人大會頒優秀詩人獎等，共計獲得五十次獎勵，是國內詩人獲致獎勵較多者。曾任新聞官、月刊主編、中國詩歌藝術學會會長、九州行詩歌訪問團團長。現任五個繪畫班教師，並事寫作。個人畫展及國內、外聯展三十九次。文學及藝術著作三十三部。

王碧儀作品

中國、長江、三峽

長江
母親河的源頭
出於沱江
穿過壯麗三峽
一瀉千里
馳騁於高山平原
浩浩蕩蕩注入東海

長江
一條巨龍
橫貫中國大地
中國先祖在此生息　繁殖

滋潤七千年文化（中國地理雜誌創刊號言）
您走出歷史
帶動三峽的遊者如織

中國的母親河啊！
您的子民創造新的里程碑（三峽建葛洲壩）
可是您的所願？

感情的債

千里迢迢久別重逢
異地情牽半世烽火
時常懸念難以啓齒
寄望著地球的那一邊。

感情的債怎能償還
怎能擁有紅豆一顆？

不必追憶不必頹喪
美好的人生各自追尋

如有一日天堂再見
天堂美景無掛無念
如今再別期望重聚
我倆攜手進入伊甸園。

我是彩雲你是碧天
我是泥土你是陶匠
今生不夠來世續緣
我倆攜手進入伊甸園。

請讓我

請讓我有獨立的個性
飲那北國的冷泉
澆灌衣矜

請讓我高歌一曲
給那漸遠的靈魂
不至迷失

請讓我從退一步想
如何使自己海闊天空
不覺狹隘難行

請讓我站立山崗
遙望青山蒼鬱
飛簷碧瓦

請讓我欣賞煙雨蒼茫
峰巒隱約
霧鎖陽關

請讓我領受細雨

滌我心苗排我胸前雜念
除去晦暗

請讓我心神領會宇宙浩瀚
神恩浩蕩
撥開眼翳煥然一新

請讓我看盡天下名山名畫
山林青翠玉宇瓊樓
雕樑畫棟

請讓我躑躅於神殿
衣襟飄逸
一如羅馬時期的年輕聖女

請讓我享受生命
欣賞人間生老病死

一如往昔哲人。

作者簡介

王碧儀，女，廣東省東莞縣人。自幼父親親授唐詩三百首，七歲寫第一首七言古詩，至今仍有記憶。十三歲自香港隨父母來台，在這第二故鄉繼續學業、結婚。二十三歲畢業於淡江文理學院會計系，大學期間，作品遍見於中央副刊、聯合、新生副刊，並得佳作獎。作品收錄於中國文選、中央選集；在校就讀時以英文朗誦、作文比賽見長。二十五歲結婚歇筆十年，從事會計幫助夫婿事業，奠定家庭經濟基礎。三十五歲恢復寫作，加入「葡萄園」詩刊至今，曾出版《曇花開過》一書。五十歲退休，攻讀第二個學士學位，三年後取得。自此寫作稿酬均作奉獻，並於社區作義工。我寫作的理論是：崇尚自然。我的人生觀是：愛你的鄰舍。（聖經句）

王詔觀作品

隨風

當隨風的緣份　因葉落飄零
仍有牽掛的詩句
在白晝時有它的光熱
夜晚即被黑暗吞噬
如果有奇蹟　是宇宙點點繁星
投影著千年前的一場邂逅
是心　在等待
雲遊於無法交錯的時空
它旅行與尋覓
而那忽明忽滅的星球
總是不經意

便 擦 身 而 過

文房四寶

你偶然借我的一支筆
在春天淋了雨後
竟然發起茂盛的芽
在漆黑的夜裡
寫著晶瑩的星光

我輕輕拿起埋在記憶櫥窗
早已塵沙覆蓋的一方硯台
任憑暗綠的墨
研磨冷宮中的往事

漸漸地
斑駁的鬼影

不停地在意志薄弱的紙上
暈染

只怕
再這麼瀰漫下去
森林的枯枝
終究無法抵擋
因空虛的戰火
引燃的
另一種風寒

遠方

在醒與睡的交界
妳接受了睡的邀約
將所有回憶
冰凍成永恆

曾經　嫁海四十年
海以遼闊的懷抱擁有妳
妳以岸的堅定
熨貼浪的澎湃

愛的漩渦
泛起一波波彩虹詩情
春花秋月夏風冬雪
彼此的生命滲透了芳菲

妳向歲月說妳累了
便隨著流星要到很遠的地方
岸　終於遠離
海捲起萬頃的思念
將陣陣呼喚傳至
時空相隔的　　遠方

註：記朱學恕喪妻之痛

相思海

藍藍的海
輕輕蕩漾綿綿的情話
在白色沙灘上
摩挲　柔美的黃昏
彷彿迷離夢境
自　遠處
不知方向的　回音
源源而來

不願流露　深層的秘密
因為擱淺已久的心事
一經推波助瀾

就激起　濤濤相思

作者簡介

王詔觀，一九六七年生，高雄市人。國立高雄師範大學國文系畢業，國立高雄師範大學國文系夜間國研所結業，現任教職。中國詩歌藝術學會會員，《大海洋》詩社、「葡萄園」詩社同仁。曾獲一九八九、一九九〇、一九九四年高雄市國語文競賽名列前三名，一九九六年第四屆《台灣新聞報・西子灣副刊》年度最佳詩人獎，一九九七年高雄市國語文競賽年第一名、台灣區國語文競賽年第二名，一九九七年中華民國新詩學會優秀青年詩人獎，二〇〇一年詩作〈稿紙〉選爲國中基本學力測驗考題。著有個人詩集《花燭》。

文曉村作品

觀像記（節選）

——校讀涂靜怡《詩人的畫像》有感

1.張秀亞

遠遠地，靜靜地，躲在北窗下
細嚼郁郁的小草，不敢出聲
伊是你羊群中最小的一隻

2.彭　捷

從水鄉的索橋上輕輕走過
聽五弦琴共鳴的琴音
八十二歲登黃山，猶是二八俏佳人

3.胡品清

把一尊瓷像安置於不可觸及的地方
只為仰望。也曾為音畫像

只因他是礦，有無盡的寶藏

4. 墨 人

慧眼識英雌。只一抬手，就把一個
從苦難中成長的女子，自谷底
舉上金星燦爛的枝頭

5. 薛 林

為詩播種，晚鍾聲聲一老翁
山隈水湄，築一幢幢小白屋
看一群幼兒，走進又走出

6. 心 笛

有人說：你是中國的狄瑾蓀
才媲李清照，福卻比她多
我更欣賞，你自繪的那朵荷

7. 雁 翼

一生傳奇，著作等身的詩人
卻常常受脊梁骨之苦。也罷！
畢竟，還有不捨的詩神

8. 雪　飛

寧願放棄一座山
也要伴臥病的老妻
在小樓中，綻一朵笑容

9. 汪洋萍

擁有自己的汪洋，自己的萍
自可無愧地說：剎那的我
就是無盡的永恆

10. 魯　蛟

一個不屑於稱王稱霸的詩人
不屑於到處張帖臉孔的詩人，決心
讓槍聲與戰爭只能躺臥在寂寞的字典裡

11. 麥穗

市聲，掌聲，如雲霧之虛浮
習慣森林的詩人，又怎能
遺忘！滿山的芬芳

12. 藍　雲

從葡萄園，秋水，到乾坤
一條路走了四十春，只為
徐志摩唱過的那首歌

13. 林　齡

因憐愛迪化街一臉秋天的無奈
索性為她寫一本書代畫
當作心靈中永恆的維娜麗莎

14. 亞　媺

從石頭記中長出來的一朵毋忘我
於千山萬水的畫卷中，日日
覓尋飄泊的夢痕

15. 涂靜怡

粉彩花環，為誰消瘦？
恰似那秋水長天一縷煙
且回歸山中小樓，與夢相守

16. 陳欣心

歡樂易逝，夢已褪色
世間沒有不散的宴席
家園，才是美麗的終點

17. 趙　化

是出版家改行了嗎？非也
那個糖罐裡裝的鈕扣晚香玉
其實，就是詩人的化身

18. 風信子

夜夜，在綠色的田畝中巡行
居然發現：來看人間的禪師
也是歌手，能哼心靈的投影

19. 靈　歌

或做歸鄉的白鴿，或為
異國的鮭魚，在這個時代
都是無可奈何的　選擇

20. 雪　柔

金色歲月如夢過

敢恨敢愛敢風流
這就是一生醉於童話的雪柔

21. 栞 川

看風起雲湧，星月喧騰
藏在時間底蚌殼裡
只為將淚煉成珍珠的唯美

22. 陽 荷

懸一幅照片於客廳的壁上
就有取之不盡的光能
溫暖一個可愛的家庭

作者簡介

文曉村，河南偃師人，一九二八年生，台灣師大國文系畢業。美國加州世界藝術文化學院榮譽文學博士。「葡萄園」詩刊創辦人之一及首任主編。中國詩歌藝術學會第一、二任理事長。現任「葡萄園詩刊」名譽社長、中國詩歌藝術學會名譽理事長。著有詩集、評論、語文、自傳等十多種。最新著作《文盧詩房菜》，即將由詩藝文出版社出版。

文　林作品

孽債

是緣
還是情
盡在無言
是巧合
還是錯誤
都在回眸一笑間
不過
一旦生恨
就會一咬牙
蹦出一聲
孽債

春江

河岸修成了公園
為了方便賞鴨
公園越修越寬
河面卻越來越窄
觀眾每年增加
雁鴨卻逐年減少
春江是否水暖
鴨不一定先知
河水一汙染
鴨卻立刻暴斃

討債公司

賭場已經合法
電玩獎品也能兌現
討債公司

何時上市呢

月夜花

有人愛月
有人愛花
我更愛月夜的花
花在日間的豔麗
總不如月下的嬌羞
日間搖曳生風
怎比得月下起舞的韻味
多情的張三影
花影都入了詩句
我真想創新
寫寫陽光下的花影
但騙不了自己
唯有月影
才見詩意

山中小徑

入山訪賢
是聽說山上有高人
穿過一片片茅草
卻不見茅屋半間
此生從未見過樵夫
不知今日能否碰上
想的是高人
擔心的卻是長蟲
爬到了山頂
還不知高人在何處
相迎的
是一尊土地神

狼煙

姬家天下的香煙斷了

不斷的是
冰山美人
一笑傾國的故事
看來
要永續香火
還得靠非常手段

光陰說

大禹一枝插下
我成了千古圭臬
想大禹的人
還用他爸爸的方法治水
想我的人
卻是最糟蹋我的人

鬼影

鬼都在暗中出沒

哪來的影
還不是
心中有鬼

倩影

最受歡迎的影子
但
他的美
需要距離來保持

作者簡介

林文俊，筆名文林。政大畢業。密西根州立大學教育碩士。曾任教美國明德大學、史丹佛大學、及師範大學。現從事英語教學與研究。

其原習古典文學。六年前，蒙劉菲、瘂弦、一信、向明、綠蒂、蕭蕭、大蒙諸前輩啓蒙，初學新詩。後有幸加入新詩學會、詩歌藝術學會、三月詩會、葡萄園等團體，獲更多先進指導。似略有心得。已將其列爲終身學習之目標。

方心豫作品

剖之譚學

剖亦感
感亦剖

一感之剖
便閃亮了整個歲月
行程
過去的預言
未來的痕跡
竟是一片片流浪的
雲

別問我的手

握過些什麼
那只是
剪碎了的雲烟與沉思
己無心理會它的來去

此雲剛納袖
那雲又飛離

於是，我
從繽紛的雲裡
邁開蹌踉的腳步
發現這個
行程
經不起殷切祝福

何苦一味注意雲納雲飛。其實

剖歸剖
感歸感
只要
清白的活過
大江豈能東去
如雲瀟灑
依然

握無窮於手掌
駐永恆於剎那

作者簡介

方心豫，安徽壽縣人，早年從事新詩創作，擅長朗誦詩，曾榮獲國軍新文藝運動各軍種的新詩創作獎，包括海軍陸戰隊金球新詩獎。海軍金錨新詩獎。聯勤金駝新詩獎。警總金環新詩獎等，以及國軍新文藝新詩金像獎，中國文藝協會文藝創作獎。七〇年代移居美國，雖甚少創作，但從事僑教新詩教學。近年返國後重拾創作，現爲中國詩歌藝術學會秘書長。

台　客作品

當戰火在遠方點燃

當戰火在遠方點燃
一顆顆巡弋戰斧呼嘯
穿越肅殺的天空
一棟棟高樓轟然
化成了塵泥飛灰

當戰火在遠方點燃
有成群驚惶的臉孔
爭先奔竄於途道
更有無數骨瘦般枯柴
火網中躺成無效的手勢

當戰火在遠方點燃
看一列列坦克轟轟
輾過青青的家園
一户户殘破的屋角
蛛網們高掛著美夢

當戰火在遠方點燃
啊！電視中的政客們
猶在喋喋喋喋些什麼
而權與錢的交易
桌底下熱烈的進行

當戰火在遠方點燃
該坐該臥還是坐立
不安，人們，除了抗議
我們還需要做些什麼
我們還需要做些什麼

翠峰湖——太平山之旅

碧綠碧綠的
是圍繞著妳的群樹
蒼翠蒼翠的
是環峙著妳的峰巒

一湖夢幻
隱身於群山萬壑中
一顆明珠
被高高托起於太平山巔

白日，陽光閃耀
照妳一身波光瀲灩
夜晚，人止山靜
妳仍然不停向夜空眨著眼睛

放飛一隻小鳥

放飛一隻小鳥
向茫茫的天宇
飛越過層層雲霧的海峽
飛越過一重又一重的高山

請降落請降落
在一個充滿陽光的城市
在一條綠蔭遮蔽的街道
請帶去我的祝福與問候

當那盆小小的月桂樹
又盛開一朵朵小白花
伊人即將攜風雨返回
履行一小小的諾約

螃蟹河餵鳥——澳洲之旅之一

河面浩瀚寬闊
碧水湍湍東流
我們的渡輪緩緩行駛
好一派天光水色

成群鵜鶘飛來
河面上爭搶食物
一尾尾鮮美小魚
我們從渡輪中拋出

海鷗是最佳捕手
高空中一一接著
我們從手中丟擲
一片片可口麵包

好一派天光水色
我們的渡輪緩緩行駛
碧水湍湍東流
河面浩瀚寬闊

作者簡介

台客，本名廖振卿，一九五一年生，台北縣人，國立成功大學外文系畢業，現爲「葡萄園詩刊」主編，中國詩歌藝術學會理事。已出版詩集《台客短詩選》、《發現之旅》、《見震九二一》等八部。主編《百年震撼》（九二一大地震詩選集）、《不惑之歌》（葡萄園詩刊四十週年詩選）二部。

司馬青山作品

東遊記實

(一)大斷層

挺舉千萬年
神祇們　惶惶
藍天　以陽光
遠遠的照臨
群星喧嘩
群星寂寂

盤踞千萬年
眾浪　轟轟
大海　以疾雷
沸騰的襲來

歲月悠悠
歲月默默

一場來自地心的
　戰爭之後
凝住
宇宙樂章中
一節小小的旋律
一個小小的休止符

註：臺灣中央山脈的東坡，有一斷層存在，北如宜蘭海外，蘇澳花蓮間，斷層直逼海岸，南經花蓮臺東，直至恆春半島西側之端始止，這是狄克遜(DICKERSON)所稱臺灣大斷層。花蓮蘇澳間的斷層海岸，斷層高達二千公尺，兩岸下深達二百潯或五百不等，雄稱世界第一。

(二)島

傲然　放牧
蠶食歲月悠悠
群群的浪

無知於耶和華
無視於風霜雨雪
唯我
與漂泊的雲們話別
唯我
與日月星晨絮語

傲然　握住
握住生生死死
握住剎那
握住最後的
　不墜於輪迴的物化

㈢大地

舉起森林與恐龍
埋伏二十世紀的
　能源危機

寒武紀
已是遙遠　遙遠的了
而我們　卻仍然
在一小節的樂章中旋轉
於是　那個
休止符　乃不甘地
躍出太陽系
向另一個無限開始

附記：一九九七年三月十五日遊臺灣東部，目睹大斷層之巍然與孤島之傲立，以及大地之無限，乃有感而賦。

作者簡介

司馬青山　本名沈治平，一九三三年生，天津市人，高考及格。早年曾加入「葡萄園詩社」，現為中國文藝協會、中國詩歌藝術會會員。著有詩集《流浪的雲》，《海洋之歌》。散文集《植於南方的光芒》。短篇小說集《風雨夜歸人》，《山村姻緣一線牽》。劇本《歸》、《大地春回》、《清宮殘夢》、《柳暗花明》。論評《文藝散論》等多種。

朱　朗作品

給妻

雖然有時候給我一片mind（註）
有點蠻不講理
但多半時妳是愛我的
給我弄吃的、喝的，幫我洗滌
那些臭襪子、汗濕的內衣
養育大兩個兒子
當兒子們如乳燕出巢飛去
相伴的只有妳，我妻

妳的髮，如我的變白了
妳柔細的手變硬變粗了
妳的體態也變得如西洋梨

而我突然發覺我更愛妳了
我妻：
我幫妳染黑妳的髮
我為妳按摩妳酸痛的腰背
我們一同作朝夕的散步
一同翻閱孩子們兒時的照片
等兒子們深夜的電話
數算他們歸省的日期

我妻，我的老伴兒：
我們沒有名，沒有利
一切虛榮我們不曾擁有
也不再希冀
且「早睏可好眠」
明早我們仍去那條
荔枝園間的山坡路
去迎接另一個古舊又新鮮的日出。

註：to give…a piece of one's mind 責罵、批評、嘮叨之意。

蘇州夢

姑蘇台，響屧廊
紵羅女的舞屐
踏響著吳越春秋的蘇州

月落烏啼
寒山寺的鐘聲
敲響了盛唐詩人夜半客船的蘇州

唱罷瘋僧與跛道的「好了歌」，
英蓮與林顰兒悲悒的芳魂
悠悠地魂歸雪芹夢裡的蘇州

欲購澄湖一角山色

一親我夢裡的蘇州，
三月煙柳，燕語呢喃
雜花生樹，群鶯亂飛的蘇州

霧濕樓台
月迷津渡
史的蘇州，詩的蘇州，夢的蘇州
卻惟恐春夢乍醒
夢碎於海峽風急雲驟。

戲夢人生

那位已下台的老淨角
發飆、捉狂的老番顛
又巴巴的爬上場，不管
這場是「鳳還巢」還是「空城計」
他的角色總是趙高或石敬塘
總是指鹿為馬

總是想把這不大的舞台和觀眾席
都當作燕雲十六州
都賣給
其契父契丹人

退休

曾作過幾天演員
跑過幾場龍套
喊過「威武！」
當過路人乙

爾今且作半票的觀眾
看一齣齣新戲上演
坐遠遠的後座，用望遠鏡
以防發飆的新、老演員
假戲真作
飛過來茶杯、椅子、甚至

刀、槍、劍、戟

曾是這座大好林園的小園丁
栽種過花花草草
澆過幾桶水
施過幾次肥
爾今我是遊客
只閒散的看看風景

作者簡介

朱朗，本名朱光熹，一九三四年生，祖籍山東臨沂。一九四九年七月隨流亡學校至澎湖從軍。先後畢業於政戰學校、國立中興大學外文系，台灣師範大學英研所結業。一九六六年自軍中退伍後定居南投，任教於台灣省立南投高中迄一九九八年退休，遷居台中市。著有詩集《孑餘的樹》。退休生活讀史及中詩英譯以自娛。

江　嵐作品

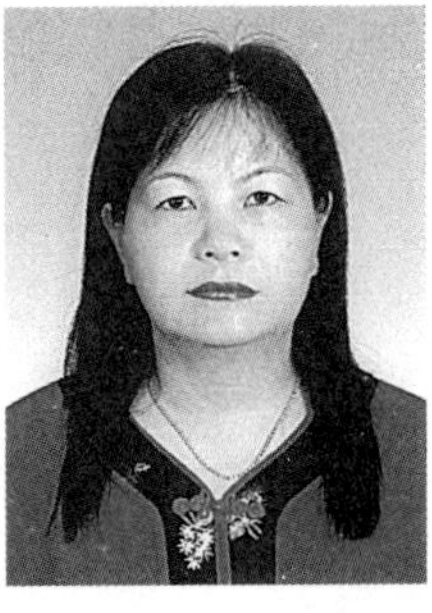

渴

找不到我的口香糖
不同於橡皮膠的黏稠
遇水即融的
文化

咀嚼春天
咀嚼性別
咀嚼不會罹難的
愛情

守候

我願躺成一片陶土

請以高溫燒我
成盛水的尖底瓶
朝朝暮暮
伴你
柴米油鹽
醬醋茶

生活

下班回來
累成一隻煮熟的蝦子
女兒的聯絡簿
信箱的帳單
丈夫的消夜
水槽裡的碗筷
客廳的地板
統統以高分貝噪音
發難

來自家鄉的男孩

叩響母語的門扉
以六聲的音調
與家鄉重逢

山上的相思樹是否茁壯
香茅和樟腦的味道依舊如昔吧
油桐花是否依然在四月開放

來自家鄉的男孩
報以淚千行

母親的頭髮和油桐花一般蒼白
父親的皮膚和火炭的顏色一樣黑
阿婆日日守著墟廢的腦寮張望

我慌慌張張
提領在都市剩餘的情感
匆匆打包
托付來自家鄉的男孩
帶轉苗栗的屋家

無法預約的拜訪
——悼亡弟

6672是你的編號
307—10是門牌
因為沒有電話號碼
無法和你預約

好久不見
你依然熱情指引
沿路安排黃澄澄的相思花
和白皚皚的油桐花迎我

你說：相思花是故鄉的顏色
　　油桐花是母親的聲音

敲開天堂之門
你以淚扣我心湖
姐夫找到你天堂的編號
弟弟尋著你門牌號碼
在你門前敲鐘
鐘聲震落滿山滿谷
鵝黃雪白的花朵
風一吹
漫天撒下
金黃粉白的淚雨
淹沒了你的臉
　　你的腳
你說：黃色的是相思雨

白色的是回憶露

佇立你的靈前
仍可以感受到
你平日多情溫暖的笑容

後記：我們在苗栗山中長大，成天成年和相思林為伍，父親燒木炭、母親種茶葉；每年四、五月油桐花和相思花齊放，苗栗山區一片金黃、雪白和深綠色的景致，儼然是一幅客家人的圖騰，深深烙印在我們的血脈裡。弟弟英年早逝，把他送回他最愛的故鄉土地裡，大自然懷抱中，願他怡然的安息永眠。

作者簡介

江嵐，本名江秀鳳，一九五八年生於台灣苗栗，曾任律師助理，基金會秘書。現任美術團體聯合會秘書。詩作曾被翻譯成日文、韓文等。著作詩集《逗點》等。

李　冰作品

蘭嶼印象

1. 獨木舟

海邊的那張臉
用斧頭木頭劈成的臉
用油彩傳統塗抹的臉
是這島底臉
是這族落底臉

是當初老奶奶遺留的繡花鞋
巧巧的　彎彎的
有人說是舟
有人說是船
這都不重要

重要的是這張臉已塑成這島的標誌

2. 島上氣象台

站上制高點
真的很高很高
我們車子是仰臉爬上去

那個沒有假日的氣象員說
藍海在下
青天在上
什麼風呀雨呀都逃不過他的銳眼

雲走過門前
鳥飛過門前
就是看不見西裝革履
所以他天天和自己的影子玩遊戲

3. 青青草原

如果能編個傳統神話什麼的就更美了

這席上帝遺落的茵褥
真想仰臥其上
做一個陶潛筆下的世外夢
不要摘我庭院百合（註）
不要在這裡栽植現代
告訴你們
我不喜歡玻璃帷幕的世界
因為　我就是我

4.島的子民

紋著張臉　沒有油膩
裸著陽光啃剩的皮膚
嘴角叼著枝「新樂園」
圍坐在木板小閣台上
看山　看海
談古　談今
就不會談黃金股票的事

把照相機移開
厭惡的都市人
去過你們垃圾污染的都市生活吧
去品嚐觀光大飯店的滿漢全席吧

地瓜　芋頭
魚乾　野菜
永不改其樂也

註：蘭嶼現正推行保護百合花運動。

西子灣的黃昏

暮嵐從港口瀰漫
壽山巔誰打翻了調色盤
浪花擁簇歸舟
緩緩步伐
竟踩醒了萬里漁火

讓木棉花在晚風中輕吟
像那位西子灣瀟灑的詩人
用和諧慈祥的白髮
書寫不朽
吟詠給港都第一首詩

蒙羞的年代埋進歷史
活在現代才能寫現代
岸畔四季花開花謝
生活的圓弧圈著圓弧
只有貼在臉上黃昏
才能喚醒明朝的日出

作者簡介

李冰，本名李志權，一九二二年六月十七日生，陸軍官校二十三期畢業。曾歷任參謀、教師、圖書館主任，刊物編輯、記者等職。先後曾主編過「步兵學術通報」、「高縣青年」雜誌、「社會團務簡訊」、「青聲雜誌」等。初習新詩，後又從事小說散文創作，先後曾結集出版詩集二部、散文六部、長、短篇小說十五部，共二十三部作品。先後榮獲國防部新詩獎、陸軍金獅獎、警總金環獎，國軍新文藝輔導委員會第四屆小說銅像獎、第九屆榮譽金像獎，第廿七屆小說金像獎、中國文藝協會十七屆小說類文藝獎章，臺灣省作家協會文藝獎、高雄市文藝優等獎，高雄縣文藝貢獻獎及「五四」文藝教育獎等。

李政乃作品

情濃似玉

濃濃的寒意襲自逝去的歲月
路依然袒裸我斑剝的履痕
呼聲在竹山之外
停筆斷思後
依舊是懷抱向春的那份心境

垂暮的心情不再嚮往高翔比翼
寒風如刃
割不斷
柔得令人心疼的戀情
訴不盡

訴不盡
沒有結局的歌聲
你的尊貴與彩玉般的風情
你的雪夜
你的花宴
是我生生世世
訴說不完
敘寫不盡的滿堂富麗

為什麼
為什麼
如一抹夕陽
俯首埋隱

另類戰場

股市像賭場　起起落落
是地獄　也是天堂

看版上的股價最不會説謊
説謊的是追高殺低後的掩掩藏藏

買賣點上見乾坤
不用收驚壯膽　更不會丑角兼苦旦
萬法歸一　圓融無礙
勝券在握　可長可短

股市像戰場　是另類戰場
一竿在手　你可獨釣耿耿星月來霸天
一攬眾山　卻見萬水不許趕百川
疑得這番天地非人間　明天是否又是另一幅山水

醉緣

輸贏難測酒國今夜
新月　早已丟給了整條街
不醉　不歸

一手摘詩　一手摘月
一手摘詩　一手摘月
醉深　難歸
一步　一影
一把骨頭　一把歲月

作者簡介

李政乃，又名白珩，台灣新竹市人。一九三四年生。曾任教師。著有詩集《千羽是詩》、《李政乃短詩選》。

李　玉作品

鄙詩組

1.笛

一截粗糙的竹子
切不可輕視它
一旦開竅
便是一位音樂家

2.鼓

用牛皮蒙住它的嘴
不讓它說話
人還無情地打它
它自然會悶聲喊痛！痛！痛！

3.旅者

用眼走路

用腳翻書
用心素描
用意紀錄
輕輕的行囊
裝滿重重的山水

4. 釣趣

書堆如山
稿紙如海
以筆為桿
靈感為餌
想釣一行詩

5. 粽子

屈原滿腹離騷
怕懷王聽到
只好用葉層層裹住煮熟
五月五日吃掉
讓人心知肚明

6. 日曆

它以三百六十五次
凌遲之痛
無非在喚醒人們
不要有三百六十五次的
後悔莫及

7. 炷香告白

一雙虔敬的手
緊握一把纖弱
用火刑的焦味
妄想作祈求應許的代價

8. 納骨塔

昂藏七尺之軀
竟屈就於方尺蜂窩
老死不相往來
一如大廈住户

9. 神木，小草

神木用個人的驕傲
塑造英雄式的雄偉
小草卻用一族的卑微
為裸露的大地穿衣

10. 落葉

一片黃葉
輕飄飄地落下
如巨石丟在心頭
不禁搔搔頭
白髮又少了幾莖

作者簡介

李玉，男性，筆名「楚鄙」，湖南省武岡縣人，三十六年秋隨青年軍來台，台灣省警校警員班二十三期第十九隊第一名畢業。自幼便有「作家夢」，直至退休後，才開始每樣試著去摸一下！結果一事無成。僥幸榮獲青溪新文藝金環獎民俗相聲類——金環獎二座。銀環獎二座、銅環獎二座、佳作四次、短篇小說獨選銅環獎一座、金像獎佳作、高雄市迎向90徵文短篇小說佳作獎。加工出口區徵文得獎多次九十二年歌詞金像獎。著有《走過的歲月》小說集、《旅痕》散文集、《心弦》詩集、「履塵」詩集。計劃出版《楚鄙相聲集》、《楚人鄙語》散文集、《楚鄙詩選集》。轉眼即屆耄年，但心未老，寫作是生命中的最愛，我把愁憂交給了老友——耶穌，把歡樂留給自己，希望能瀟瀟灑灑地走這回，不負人生！

李優虎作品

雪祭

序曲：

我因職務派任法國巴黎兩年。一九九九年冬天的某個下午，氣溫急遽下降，天空大雪紛飛。我下班獨自在大雪中駕車疾行，在第一次見到大雪直撲雙眼的感覺時，情緒突然激動飛揚起來。下了車，裹著黑色大衣，獨自漫行在巴黎街頭，任皎潔的雪，粉白我頭髮，挑逗我衣襟，激動的心情，高亢的情緒，將繁重的工作壓力完全拋置腦後，那大而親切的視界，令我對雪的印象完全改觀，她不再是冰冷的空氣結晶，不再是天空凝結的冷漠，而成了我對巴黎最美的記憶。這股記憶自雪底的那面鏡擴散，浮在表面的微波，輕觸四面八方回饋的悸動。細心蒐集每一絲「悸動效應」，被期許的契合社會化脈動，一股有生命力的雪即不斷延續，原來，在年歲遞嬗間，妳我都活在一場名爲「雪祭」的篇幅中。

第一章　雪鏡

謂之為雪底那面鏡

輝映謂之為生命的我
鏡內排列幾何狀之樣本空間
依緣組合泥坯似的那搏記憶

那場冰封妳我瞳孔顏色的風雪
幻化天空底色之佈景
　銜接時序停滯的螢幕保護狀態
這迎面飄零的浮生軀體，淺嚐
入鏡即化的空寂
愛撫逐次石化的疼痛

謂之為愛底那場戲
上演謂之為人生的劇
戲中精華索引我之非賣片段
原是剪輯複製妳的定做戲碼

那場膾炙「人間四月天」的雪

導演再別康橋之情愛
　並聯徐志摩式的流體愛情理論
以異於常人的角度取景，探索
生命至愛的主題
換取廉價買進的快感

近視後
戴上染色墨鏡迎雪
想保護的是濕紅的雙眼，還是沈滯
詩人眼中鈣化的酸

第二章　雪濤

謂之為總統大選的那張票
主導謂之為民主政治的國
投票箱內互相擁抱的㊦
被外在壓力武裝成無言的爭鬥

民主戰場自秋海棠的葉
轉變成狹窄的投票箱及精美包裝的電視廣告
延伸民族戰場的創口
飽合民生所欲的訴求
而捍衛的槍桿是民權落實的票張
這舉世震驚的「台灣總統」選舉，牽動
海峽兩岸的氣候
屏息全中國人的呼吸

謂之為台「毒」的那顆瘤
被內外夾擊成了「主權獨立國家」
外在袋狀包裹式的謊言
快遞成了「一國兩制」主張
內在叫價拍賣似的口號
濃縮成了「新台灣人」理論

那場世紀更替的選戰
戰場遍及稱之為中國的領域
導演兼演員的戲碼
解壓縮後翻版成了中國人改革的歷史劇
晃如跑馬燈似的台獨論調，推陳
網頁內的原始病毒碼
成了解毒系統與病毒碼共生的作業模式

選舉後
戴上隱形眼鏡凝雪
眼鏡外及眼球內所見的成形視界
被距焦成偽裝版圖

綠色的旗海自目光中描繪成風景
青天白日旗被「向內」摺疊進待溫習的書包中
屬於我的雪景呀

在「青白紅」三色被溢化於寶島時
還有什麼是您的抉擇

第三章 □□

我也不知是在用筆尖寫詩
還是在用電腦寫我

作者簡介

李優虎，民國五十四年生，曾獲全國優秀青年詩人獎、國軍文藝新詩類金像獎、海軍文藝新詩、散文、歌詞及報導文學等獎項，大海洋詩刊社編委、中華民國新詩學會及中國詩歌藝術學會會員，著有詩集《醉月歌》，此外，作者在美術、攝影方面亦多有得獎佳作。

李優虎，是一位用愛寫詩的詩人，將內心沉澱的生命用筆的觸覺來記錄一切，看著詩猶如面對鏡子，看見自己與時空的交易，以愛情裹腹、用思念止渴、將生命寄託給夢想，將心靈重生於詩韻，作者認爲一首好詩，除了把握創作的原則外，必須貫通一種垂直與平行的重心，這垂直的重心就是其所闡述的眞理，精髓所在；而這平行的重心就是這首詩的結構與層次，如此，才能有骨有肉。

余興漢作品

落花

妳終於要離我而去嘛
在春意闌珊之後
在杜宇聲中
妳甚麼都不顧了
決心不告而走

也不想想看
在妳我兩情相悅時
妳是何等的豔麗芬芳
何等的惹人憐愛
令人讚賞

妳曾為我而綻放
為我而爭妍鬥豔
曾幾何時
妳竟如此憔悴
玉隕香消地墜落
我能不為妳流淚嘛

妳無聲無息的走了
無怨無悔的飛了
頭也不回　隨流水而逝
我能說甚麼呢
惆悵也是枉然

我不忍心說妳無情
因為妳我曾經愛過
既然妳我曾經愛過
就該明白

花開花謝夢一場

圍巾

並不是我老想纏著你
只因為怕你受到風寒
我這纔將你緊緊摟住

不管你喜不喜歡我
我喜歡你是真心的
雖然你一直默默無語

我願與你長相守
生生世世不分離
直到永恆
要不然
你就甩了我吧

我最擔心的是
人世間
不聞　不問
若即　若離

楊柳

妳青春如雲的秀髮
長在我的心頭盪漾
每當春風乍起時
我心中便洋溢著喜悅
也有些迷惘

妳底舞姿是詩意的
一舞過來
帶給我一簾幽夢
一舞過去
帶走我滿天遐想

我曾為妳的柔情蜜意而神馳
也曾為妳的幽雅風範而心醉
我一點兒也不在意
妳的纖指
拂過他人否

鞋子

只要能成雙成對
生生世世不分離
我願為足下服務
毋需回饋

只要能長相左右
前後相隨　比肩前進
縱使前程多艱
終能履險如夷

我的哲學是
行者常至　為者常成
我的信念是
路是自己走出來的

作者簡介

余興漢，一九二四年十二月十二日生，字偉先，筆名淮芳子。湖南平江人。政戰學校政治系一期出身，曾服軍職有年，以陸軍上校退伍後受聘爲總統府編纂。酷愛文學，其詩、詞、散文等常發表於台灣各報刊。著有《醉之愛》新詩集、《夢雲詩詞》、《山海盟詩詞》等。其作品的特徵是：用大眾的語言，譜時代之心曲，深受讀者喜愛。

汪洋萍作品

變・變・變

序詩

人類生生不息
繁衍綿延千百萬年
在時光隧道摸索前進
憑天生智慧和本能
與萬物爭生存
從生活歷練中
體認到互助合作
是求進步的動力
於是由獨處而群居
漸次形成族群　部落
而發展成社會　國家

協力研發社會及自然科學
促進了人類文明
今天我們所享受的一切
都是歷代祖先心力累積而成
我們應知感恩圖報
從另一面向思考檢視
人類社會從古至今
生存發展所呈現的
善惡是非紛爭擾攘
隨時代腳步而日趨嚴重
已威脅到全人類生存
我們應知所惕厲
及時擇善去惡存是去非
為子孫營造生存的樂園

觀變

人類在生存發展過程
出現一些暴君佞臣
殘民自娛以為樂

強梁與莠民
違法犯紀以自利
寫下一幕幕歷史悲劇
後代的敗類爭相效尤
隨時代演進變本加厲
盜匪黑道橫行猖獗
強國執政者
掀起兩次世界大戰
大戰後的美蘇冷戰結束
美國獨霸全球
以國際警察自居
高舉正義大旗調解紛爭
暗地兩邊討好坐收漁利
在國際挑撥離間烽煙遍地
高唱全球反恐廢核武
自己的情報間諜
無所不在無孔不入
威脅利誘暗殺無所不為

是擁有核武最多的國家
搜括全球資源為己有
置貧窮地區人民生機於不顧
要獨享霸權向全人類挑戰
正在縱橫捭闔
作全面政略及戰略佈局

應變

戰禍迫在眉睫
應變刻不容緩
應戰首重心防
建立自信不能自傲
不被巧言令色迷惑
不受威脅利誘左右
慎防陰謀詭計分化團結
國防大計方針要深謀遠慮
不求急功近利痛快一時
不自欺欺人敷衍塞責
堅守理想步步踏實

披荊斬棘向前邁進
自強不息厚植國力
以提升國際地位
本務實誠信互惠爭取友邦
遵守海峽兩岸九二共識
相互善待和平共存
以增進兩岸人民福祉
攜手善處國際變局
維護世界和平

求變

求新求變已成全球趨勢
已顯現愈變愈壞
愈變愈失去人性
家庭暴力在膨脹
社會暴力在發酵
國際暴力在瘋狂
妄想症在咆哮
憂鬱症在大流行

求新求變變出很多
牛鬼蛇神為害人類社會
我們要為求變出新招
從壞變好　由惡變善
以誠意正心修身齊家
治療妄想症　憂鬱症
消滅牛鬼蛇神
重建和睦溫馨的家庭
祥和安樂的社會
濟弱扶傾的大同世界
如是功德圓滿
人不愧為萬物之靈

作者簡介

汪洋萍，民國十七（一九二八）年出生安徽省岳西縣，自幼家貧做童工，及長從軍赴國難，退伍後經考試擔任公職至限齡退休。自拜讀國父遺教後，關心國事、天下事，廣泛閱讀，爲盡言責寫詩爲文，已出版詩文集十種。現爲七個文藝團體成員，以做義工爲樂。

沈新民作品

梳將軍後傳

直劈橫掃
威風凜凜
整治天京御林萬軍

紀律森嚴
逐行點名
冷面淘汰老弱殘兵

年邁骨折
終被撤換
歸編垃圾永世罷官

微型詩四首

一生

呼吸　吃奶　讀書　做事
跳槽　退休　老病　停氣

麻雀

我若不嘰嘰喳喳
誰認得我的存在

水池

因為我長得清純亮麗
才吸引了星星月亮太陽雲樹們
來投懷送抱

垃圾箱

別小看我靠邊冷站
卻解決了百樣人的小事難題

釣兒要回家

一、

在半世紀前，
我盼望到了，
那異鄉人終於勢衰。
好羨慕海上四兄長，
重回到母親的懷抱。

二、

母親該不會嫌我什麼，
可能是忘掉還有我的存在。
因為我太小、太矮，
夠不上娘的視線範圍。
我只能一時認命，
誰教咱家是大族，
族大就難免有棄兒。

三、

在歷史滴答的瞬間下，
那異鄉人大病甫癒，

即捲浪重來，
把我這個孤飄在海中
被母親遺忘的棄兒，
復擄為他己有。

四、

這回，
母親被驚醒了，
原來還有這麼個么兒，
落在那異鄉人手中，
尚未回家。
於是，
義正辭嚴地向世人宣告：
「釣魚台群島是咱家的」！
然而，那異鄉人的後台，
有高鼻子巨無霸為其撐腰！
母親的信誓旦旦，
無奈啊，

竟是風過空無痕。

五、

母親啊，母親：
那異鄉人，
日夜不停地，
在我身上敲敲打打，
我皮肉已經不知疼痛，
而心房卻不斷地裂縫溢血。
我很害怕，不是怕別的，
怕被敲骨吸髓後，
沒有來生給您報答。

六、

母親啊，母親：
海上雨太大
您有傘嗎？
母親啊，母親：
我好想家，

回得來嗎？……

作者簡介

沈新民，江西省湖口縣人，一九三四年農曆四月十二日生。筆名一粟、三點水、日新、又浮等。台灣花蓮師範學校、世界新聞學院畢業，政治大學研究所肄業。歷任教師、記者、編輯、撰述委員、副總主筆、總統府資深編審。四十餘年來，他曾在各報章雜誌發表散文、詩歌、人物春秋、時事評論、衛教專欄等。一九八一年，中山學術文化基金會獎助他出版《重建凱旋門》一書，其內容在詳述美、台斷交（一九七八年十二月十六日）與美、中建交（一九七九年一月一日）之經過和感慨。字裡行間看出其排洋抗霸（涵蓋古今日、俄、美）思想的深刻，及對中華民族大家庭的熱愛和期望，可謂嘔心瀝血。曾引起海內外頗爲廣泛的回響。

亞 嫩作品

沙漠小花

沙漠一株小花
它智慧的眼眸
吸引我，它的光芒
亮出詩的粉藍

它默默注視遠方
我悄悄望著
啊！絲路之旅
讓我無限驚喜
　向日葵
向日的葵花田
多麼壯觀

隔著車窗玻璃
隔著飛揚的音符
我，聽不清楚
你金黃色的笑聲
奉獻在祖國
那個驛站

初春

千里而來
你底筆點出朵朵
谷中的桃花
我解下藍絲巾迎接
關外入山的夜
昇華的煙，並在
難逢的甲子年
燃亮朱紅的燭蕊

藍色的歌

——贈詩

久久才定名
藍色的歌

才為你畫出
這幅抽象畫

黑夜裡的光明
憂鬱中的喜悦

很想聽你的歌
你的歌聲環繞
我半生陰晴圓缺的歲月
天宇兩顆閃爍的明珠

是雪的淚

雪圓寂
那就是
我現在的心

三月

海在迢遙的故鄉
山住朦朧的霧裡
你總醒在我靜寂的心靈
成千瓣不凋的樹林

我在畫裡留白
看你的詩句在水面閃爍
沉醉的樂音合你的歌
使夢飛舞

三月悄悄
我擁握詩畫
看雨花飄灑古道
啊！三月藏滿你的名字
愛的草原藍綠
令人相思

作者簡介

亞嬔，本名郭金鳳，一九四三年出生台灣宜蘭，大學畢業。現任世界華人書畫藝術家聯合會名譽會長、中國藝術協會理事、新竹縣青溪新文藝學會理事、中華國際文化藝術交流協會監事、台中縣美術協會顧問、秋水詩刊編委、中國文藝協會、詩歌藝術學會等會員。曾任彰化週刊副刊主編、聖然雜誌主編、詩潮社編委。應邀第十五屆世界詩人大會詩畫展、美國舊金山國父紀念館、日本、韓國、馬來西亞、兩岸交流展。入編台港澳暨海外華文新詩大辭典、古今中外散文詩鑒賞辭典、世界著名華人藝術家辭典、新編中國美術家人名辭典、世界華人美術名家書畫集。二〇〇一年獲第一屆世界和平獎及勛章、二〇〇二年第六屆學術博覽會最佳詩、畫創作獎。著二本詩文二本詩畫集、亞嬔禪境創作義賣專輯。

吳淑麗作品

流轉

誰在街角守候
昨日
迷惘的惡犬狂吠
夢想一再跌跤
誰在街角守候
明日
魔術師的黑色長袍
重重
將繽紛掩盡
誰在街角守候

今日
擦肩而過
陌生人似曾相識的神色

明日推擠今日
今日打發昨日
前仆後繼
今日明日　一一淪陷

無數個昨日
在街角
對我訕笑

墓誌銘

緣於天真
這隻鴿子覆以美國國旗
在此安息

死於伊拉克上空
二〇〇三年春天

貓空之夜

酒香　茶鄉
年輕的歌聲
夜夜　迴盪山谷
掩盡騷人墨客閒情

夜貓子的天空
繁燈如星
車河人影匯聚
台北　另一個東區

越夜
越美麗

蓮

亭亭　婷立水中
織夢
夏季最古典的容顏
豐潤朱唇
輕抿
微啓
燦笑

一方小小大千
逃不脫的宿命呀
污塵裡落籍

風聲水起
空靈絕塵
妙香幽遠的丰姿招展

翩翩水袖
痴候　濂溪

手機

人們喜歡囚錮自己
放任它
嬰啼般索魂
隨形　如影
私有衛星
四處
把行蹤播放
喃喃自語
旁若無人
無線的適意
無限牽掛

作者簡介

吳淑麗，一九六三年生，現爲「海鷗」詩刊同仁，「葡萄園」詩刊編委，中國詩歌藝術學會、中華民國新詩學會會員，曾獲全國優秀青年詩人獎，著有詩集《紫茉莉》。

林煥彰作品

我，可以放心的走

痛，有一定的極限
死，反而容易應付；
我，隨時都可以
　放心的走

看夠了，人
看夠了，事
看夠了，世間情愛
我，什麼時候
　走
都不再怨恨

和死亡接近

每天都有
一次死亡，一次再生；
每晚，死之前
掙扎、困頓、疲累、病痛……
都與人生不同階段的縮影有關；
而每一次再生，也都和死亡
十分接近

我死

我死過一次，
卻又同時再生；
也一寸寸
在死。

愛，也許是死因

但非絕症；
我死，死在依然
故我——

死——最後的完成

一個人，
一生只寫一首詩；
一首詩，
只寫一個字。

在生之路上

每走一步，
都向生命的終點
靠近；
不用緊張、害怕
在生之路上
必定會有，許許多多

奇花異卉

也算告別

來不及道別的，
就來不及，道別了

此次遠行，但求在
異域中相遇；

當秋風吹起，
我已飛落，在九天冰河之上
變成一枚紅葉

拒絕溶化。

木箱中的世界

打開一口

祖父年代的木箱；
打開一片黑暗。

打開一片黑暗，
我跳進去；
走入未來，
也走進古代。

在黑暗的木箱中，
現在的我，
永遠不見了！

天地與我

我把天地打開，
用我在天地之間
寫了一個人字；

我把天地合起來，
夾在一本黑色封皮的書裡，
走進未來。

作者簡介

一九三九年八月十六日生於台灣宜蘭小農村——礁溪鄉桂竹林。沒有輝煌學歷，苦學、自修，二十歲開始喜歡新詩和現代繪畫，三十歲以後開始爲兒童寫作，並從事兒童文學工作。已出版詩集、散文集、評論集、兒童讀物、史料、繪畫等四十多種，部分作品被譯近十種外文在國外出版或收入選本中。已出版的有中英泰文版、中英韓文版《孤獨的時刻》，中英對照版《林煥彰短詩選》、中韓文版《林煥彰詩選》，中文簡體字版《林煥彰兒童詩選》、詩文集《小貓走路沒聲音》，韓文版童話故事《嘰嘰喳喳的早晨》、《流浪的狗》，英文版《嘰嘰喳喳的早晨》等。曾獲中山文藝獎（兒童文學類），陳伯吹兒童文學獎、冰心兒童文學新作獎、宋慶齡兒童文學提名獎、澳洲建國二百週年現代詩紀念獎章、中華兒童叢書金書獎等。曾任中華民國兒童文學學會理事長，現任中國海峽兩岸兒童文學研究會理事長、聯合報泰國印尼世界日報副刊主編。

林　齡作品

再見山城

——謹以此詩兼致
褚作林先生

從台北至苗栗
不到一百卅公里之程
竟走了三十九年

再見山城
我帶著濃濃懷念來
山城是那麼熟悉又陌生
走到將軍山下
已不見當年翩翩少年
勞工之家樓宇也已如昨夜瓊花

面對嶄新的大樓
往事一樁樁
一件件湧上心頭
街坊不識眼前問路人

再走到過去走過的街道
山城啊！山城的風情依舊在
只是容顏改
故人何處尋

再見山城
我帶著濃濃懷念來
星雨中帶著淡淡的落寞走

湖與橋

不管初一過或十五後
不管是陰或晴

多少清晨或黃昏
走過的依然是一彎下弦月

看哪，有無數的柳樹
依傍圍繞在湖的四周
南風習習，看它彎腰
垂首輕吻如鏡的湖面

入夏以來即愛上這湖
不經意走上下弦月
來湖畔靜坐
邀夕陽互敘衷曲

不論今夕何夕
不論是白天或黑夜
帶我凌波越過的
依然是一彎下弦月

阿閦

身首異處後
沒有什麼不好
唸了一千三百多年的經
就讓我暫時保持緘默吧

我自山東四門塔來
一縷佛魂飄飄
翻山越水，來到法鼓山
聆聽大和尚的誦經
受信徒大眾的膜拜
雖然我只有首級

即使佛法無邊
也難去除落葉歸根的雜念
趁著年底

家鄉未降瑞雪之前
那裡來，回那裡去
阿彌陀佛

作者簡介

林齡，本名林義雄，一九四二年生，台灣省台南市人。曾從事紡織業多年。現爲「秋水」詩刊社長，中華民國新詩學會常務理事。一九九九年獲詩教獎。一九六〇年就在「野風」發表詩作。著有《迪化街的秋天》等詩集。

周伯乃作品

西門町的黃昏

螞蟻雄兵一群群擠過古老的街道
街道便如淡水河般越來越窄小了
沒有人敢預測明日這裡會發生什麼
高樓變為平地　捷運車載著死屍
甚或一些政客巨賈的骨灰罈種種

昔日　東洋人圍起的城堡
不及半個世紀折騰　已化為烏有
誰又能保證當你我的生命逐漸耗盡時
這裡還會有多少榮華富貴任你揮霍
霓虹燈下的誓言早已隨風而逝

挫敗的鄉愁像隔夜的果汁
漂泊的靈魂宛若離了枝的樹葉
這裡沒有真正的愛情
唯一的愛情像抹在女人臉上的胭脂

那群慵懶如貓般的老人
聚集在空寂的牆角裡打盹
聞著女人衣裙裡的花香
花香撲鼻　驟然驚醒如海浪衝過
使他想起多少次夕陽以後
仍有許多唱不完的小調
妹子　當舌尖舐進你溫柔的陷阱
乾涸的古井　突然冒出清泉
涓涓如流過淡水河床上的沙丘

午間　一陣驟雨打落的樹葉
漂浮在污濁的陰溝裡

那是紫丁香死去的慾念
是咖啡廳和歌廳嘔吐的情愁
表哥　明日再來

金陵夢斷

是誰在這時搖醒台城的垂柳
讓六朝金粉醉落在秦淮河裡
河裡的凌波依舊瀲灩　恬靜
以及那淒迷的琴音與哀戚的歌聲

如今　兩岸的垂柳依然裊裊搖曳
卻不見杜牧夜泊過的孤舟
和那龍盤虎踞的千古江山
孫權啊　你的金戈鐵馬
你的舞榭歌台
如今何在
只有滾滾的長江

滔滔地訴說著千古興亡的舊事

儘管赤壁上千百年來
仍有曹孟德的刀光劍影
和那萬箭齊發的壯烈火焰
卻經不起周郎輕輕一扇
扇滅了熊熊戰火
扇滅了曹孟德的萬丈雄心
竟也扇完了三分天下的殘局
使陳後主的金杯
一夜碎落在歷史的灰燼裡

作者簡介

周伯乃　一九三三年八月十四日出生，廣東五華人。空軍通信電子學校畢業（空軍航空技術學院前身）。曾任香港亞洲出版社駐台執行編輯，中央月刊編輯、中國雜誌編輯、中央日報副刊執行編輯；行政院秘書，行政院文建會機要秘書、文復會專門委員、國民大會專門委員、革命實踐研究院組長、《實踐雜誌》總編輯、《世界論壇報》副社長兼副刊主編；中國文藝協會理事、常務理事，中華民國新詩學會副理事長、中國詩歌藝術學會理事、理事長、中國文化經濟發展協會副會長、中國文化大學董事會秘書、財團法人道藩文藝中心副董事長兼中心主任。著有《現代詩的欣賞》、《現代小說論》、《情愛與文學》等詩論、散文、小說、文藝評論集等二十九部。

周煥武作品

守秋

上一叢　下一叢
左一叢　右一叢
攀附在上下左右
　　或短或長的
　　瘦小枝幹上
枝幹變豐滿了
卻教你、我、他們
擠得不成樣子

春來風和日麗
渴時淺啜春雨
你擠、我擠、他擠

仍能相安無事
夏日豔陽高照
誰也無處走避
是不可忍孰可忍
只好苦撐下去

撐過一個炎夏
不禁滿心歡喜
以為往後都是好日子
不料豔陽漸遠
秋風中已有涼意
守不住秋的伙伴
都紛紛離枝而去
枝頭賸下我和你
不再擠　已很淒戚

話說本土

台灣這片沃土
原是古早中國的藩屬
山胞從古到今
早在這裏居住
遠從外地搬來的族群
都叫他們土著

來自外地的族群
最早是一些馬來遊民
他們人數不多
生活很難適應
住未多久就各自分散

繼馬來人之後
還有一批荷蘭人

和無數批
來自華夏各方的大漢族群

後來鄭成功領兵登台
把荷蘭人都驅逐出境
這裏才成為
專屬大漢族群的家園
一八九五年後
日本憑一紙馬關條約
相繼移民到這個家園
直到第二次大戰結束
日軍依和約撤離台灣
這個家園才開始重建
把拖板鞋變成紋皮鞋
把黃土牆變成加強磚
把紅豆冰變成大美人

最近五、六年間
人禍、天災頻傳
盜伐、濫墾、違建
山坡地貌變形
擋不住土石流竄
震災、風災、土石流
流失了不少人命

你們、我們、他們
無論是原住本土的
山地同胞
先後來台的大漢族群
還是海外歸國的華人
守土、保家、衛國
早已生死同命　成了一家人

面對天災人禍

你我同舟一命
除害防災最重要
別分他們、我們
要團結、要尊嚴
就該你呼我應
讓本土重見光明

作者簡介

周煥武，原籍湖北，民國三十八年隨軍來台；隔年參加中國文藝協會小說研究班研習寫作，而在文藝圈插上一腳。六十六年底退離軍職，轉任民間代書，八十九年將代書業務傳交子女後，開始參與「三月詩會」各項活動。著有《織夢園》、《雙鴦夢》兩個長篇小說；並有部分詩稿，併編於《三月十年》新詩選集。九十二年三月應邀加入「葡萄園」詩社社務委員。另一長篇小說《最後一站》，經台北縣文化局評審竣事，刻正在編校中。

金　筑作品

晚霞滿天

——給妻的旋律

日薄崦嵫
妳披著青春的華氅
融入霞蔚的綺麗
來赴夜宴
感於妳的至真　勇敢
我將霞輝
投映妳暖花如錦的晚裝

彩影中　聆聽妳
高亢入雲的誦詠
婉轉　麗空　拔昇

將夜鶯　晚蟬　睡蓮
渲染如清晨的音籟

我學習　以低音的渾厚
協律清脆的諧和
以兢兢的顫音　錯落
參差　不等的共鳴
飄然成一支
蜚聲的長調

於是　在晚霞的
漫天輝亮中
獨顯妳華茂之丰姿
雖大相徑庭
我卻　困圍入
四季層層凝翠
心靈全被春染綠

九二共識

你說「沒有」我說「有」
你說「有」　我說「沒有」
有？　沒有？
心知肚明　都是鬼胎

有？　沒有？
都是兩極　錯植焦距
我們生存在夾縫之間
尋不到著力點

希望　二元之外
找到智慧　迴旋空間
迎刃而解
而　不是
在夾縫中虛弄小慧

求取平衡　高空　殘喘

註：朱熹曰「小慧：私智、行險僥倖」

山上小徑

炊煙　冉冉
升起　悠悠的
指向
通天的小徑
將　小茅屋
繫在山腰
翔翼欲飛

羊腸小路
如繩
將山影拴住了
栓不住的

思念
隨炊煙繇繇縻升

香水百合

抒發內心孤寂
賞心丹管
描摹　勾勒
一點　一線　一濃　一淡
烘襯深邃的夢幻
扶疏的枝葉
金蕊吐戀
哀怨的表情
輕描已往的瀾漫
山幽谷靜的野放
融入孤寥
嚮往嫵媚的澤娩
妳說：是香水百合

我解讀——
是揮霍妳
未盡青春的流轉

作者簡介

金　筑，本名謝　炯，貴州省貴陽市人，國立台灣師範大學畢業，任教職多年。早年加盟詩人紀弦先生所組的「現代派」，曾任《黔靈報導》執行編輯，《葡萄園》詩刊主編，中華民國新詩學會理事，中國詩歌藝術學會祕書長。現任《葡萄園》詩刊社長，中國詩歌藝術學會理事、世界華文詩人協會創會理事，三月詩會同仁，篤信基督，擅長新詩朗誦，舊詩吟唱及聲樂。尤對新詩朗誦有突破性創見及表現，融會詞曲、戲劇、聲樂的技巧和節奏，獨創新的朗誦風貌、展示新的旋律，壯闊時，氣勢奔騰，委婉時如行雲流水，幽怨生姿，只要稍留意聽，必共鳴響應、顫動心弦。曾在台灣和大陸各地朗誦。所到之處皆風靡，獲致佳譽。

著有詩集《金筑詩抄》、《上行之歌》、《金筑短詩選》等。曾獲中國文藝獎章及詩運獎等。

花甲白丁作品

補牙聯想

都已到了留遺言的年歲了
即使再修補又能延長多久

生命　不可能
永遠似株萬年青
一如昨日之旭日
必成今日之夕陽

花已開過
果亦結了

且曾詩過夢過酒過

愛過恨過哭過笑過
縱即被收回
亦了無遺憾

與其忍痛強留
不如聽任自然
歲月不老花會謝
人不想走命會趕

孤雁淚

——爲一老兵之逝而寫

傳承　是祖先留下的心願
收葬　是生命應得的尊嚴
在風風雨雨中
你已開花結果

諒　走後定有很多

很多的淚眼　為你
送行
泣悼

而我呢　仍是隻
淪落異鄉的孤雁
誰來繼承
誰來收葬

賦別
——給親情

早分手晚分手
早晚都得分手

花開花謝　人聚人散
即連上帝　亦難主控
何況眼淚

毋須怨恨
歲月無情
青春無義
生命本就
像夜
縱然萬家燈火通明
諒　也不肯改自己的
原意
本色

叮嚀

——孫兒虞立文滿月誌

小龍　睡在爺爺的懷裡
比睡在搖籃裡更平安吧
無風浪
無憂愁

祇可惜啊　爺爺
已年逾古稀了矣
這老來的天倫樂
不知還能過多久
也許在你的記憶裡
還來不及生根　我
便告
歸零
孩子　明天當你告別了搖籃後　即
所面臨的恐將仍是條風雨泥濘之路
迷霧茫茫的天色　但別害怕　孩子
只要學學爺爺當年
苦來汗洗難來力敵
惑來智解的精神　便可逢凶化吉了
小龍
不管將來遇到多少苦困
切不可輕易出賣自己的

眼淚
鼻子
自己的命運自己去主控
善施情義
勤用汗水
即使敵人亦會變成朋友
願上帝保佑你明天
勿再走上爺爺當年
所走過的路
過過的日子

作者簡介

花甲白丁，本名虞登朝，又名雲子。一九二七年生，山東蓬萊人。曾爲《葡萄園》、《大海洋》詩社同仁，中國詩歌藝術學會會員。幼年因家貧，僅讀過《百家百姓》一書，未進過任何學校。現有之知識，皆係自習而得。早年曾在《野風》、《文苑》等刊物發表過詩作，一九六六年因生活之故而輟筆，至九三年退休後重拾舊筆以娛晚年，已出版詩集《淺淺的腳印》。

洪守箴作品

長堤之夜

漁人碼頭
長堤左岸的
觀音大士
總是留取些許
陽光撒落的種子
在山坡萌芽
移植
淡水河畔
亮成一眼
絕色風華

右岸呵

那小小港灣
圍擁諸多
載夢的船
戀日的人兒
留連堤上長廊

悠然觀想
早先旭日
畫過天際的丰采
迎風
任水拍岸
沉潛在
長堤之夜的
金碧輝煌

註：二〇〇一年七月下旬，趁赴新竹新豐，參加研習前一日，夜訪淡水漁人碼頭，速記如上數語。

秋之頌

智者慧根
源自明媚秋水
仁者哲思
來自脈脈秋山
——
宜人時節
非秋季莫屬
粼粼柔水
似伊人明眸
鑑透天藍
覽遍豐厚原野
星空銀月款款
花影散香
清風如釀酒
拂人陶陶

秋神　秋神啊
剪無盡楓片
卻誤染一色血紅
託風　飛舞寄情
成熟　成熟時節啊
該歸秋季
風撫摩
累累金穗
逗弄雀兒
且飛且聒噪
那繁枝梢頭
諸果
欲投入豐盛行列
展獻落蒂
前一刻的絕美
蟬族絕響　來自長夏
頌贊至
深秋

吾家芳鄰

炙熱的午後
蓮蓬放出雨的聲勢
除了水的潤濕
全身的滑不溜丟
就是泡沫的
推擠和幻滅
這樣的場景
流進　不可思議的
啾啾鳥語

水聲乍止
以裸裎之姿
凝望窗櫺
毛玻璃外
雀兒頻銜細草

喋喋對語
勤築愛的小窩
老伴以為先知
耳邊相告
我們的共識
絕不騷擾愛巢

雨簾風搖的假日
芳鄰有愛的結晶
喜染吾家
時有黃口啁啾
鎮日歌在繞樑

作者簡介

洪守箴，筆名洪荒，國立高雄師範大學教育系畢業，曾任教職數十年，現已退休。曾主編「台東青年」、「南市青年」、現與路衛共同主編「屏東青年」等刊物。「葡萄園」、「海鷗」詩刊同仁。曾獲中國語文學會頒贈語文獎章。著有個人詩集《洪荒歲月》及散文集《起步在第一聲嚀嘶》各一種。

風信子作品

籠中雞

葳蕤的雞冠下
是一雙茫昧無神的眼球
未卜的命運
正如淅瀝的春雨
不知何時才會憩息
等待的時光
最是難熬

看看一旁瓦斯爐上
熱騰騰的大鍋中
已然捐軀的同伴
正被粗大的木棍攪動著

幾個時辰後，牠
將是某户人家桌上的佳餚。
而——
春雨依然細細地下著……

唉，且先打完這最後一場的小盹
再從容下鍋吧！

不流淚的蠟燭

即使燭心陷身在燭淚
形成的熱漿中
你仍堅持昂首的姿勢
恣意放出光熱

即使生命走到最後一刻
你也要完全燃燒自己
用黑色的頭顱

見證人世的不朽

停電的晚上
只見你矮胖的身軀
蹲踞在供桌上
綻放著光芒

附註：二○○二年十月二十三日凌晨一點半停電，取出購自花蓮靜思精舍出家師父製作的不流淚蠟燭點燃，在溫熱的燭光中，有感而作。

五十學篆刻

在朱文與白文間
在凸凸與凹凹裡
雕刻一個圓融的我
行年五十
而知四十九年之非
非在懵懂苟活

不肯老實
面對自己

還有另一個五十嗎？
還要繼續懵懂苟活嗎？
不要再自己騙自己
想學甚麼就學甚麼
想說甚麼就說甚麼

活得痛快
就是對生命最好的報復！

自由的年紀

終於到了
自由的年紀

不用再背負

親人的期望
不必去管
少年的志向

終於可以
敲自己的鑼
打自己的鼓
做自己喜歡的事

沒有什麼顧忌
只要不違背天地
沒有什麼遺憾
因為已認真擺上自己

終於到了
自由的年紀
好嘢！

附註：這是邁入知天命之年後，有感而發的眞言。

作者簡介

風信子：本名張敬忠。

一九四九年生，台灣省台南縣人。國立藝專影劇科編劇組畢業。曾服務於中國時報校對中心，目前已離職，賦閑在家。

喜愛文學及寫作。著有：散文集——《南風的話》、《夏日的漂鳥》、《心靈的投影》、《潛龍吟》、《文學的夢》。小品集——《靈思慧語》、《南風小品》、《頓悟》、《心靈夜語》、《來看人間》。詩集——《走方郎中》。編有：《一頁一小詩》（一～四輯）等。

自認性情樸實，對弱勢勞工權益不忍漠視，因此曾投身服務處所的產業工會，擔任常務監事及勞安委員。離職後並續任工會刊物——《工輿》的編委，前後已十多年矣！

一生不慕名利，只求對人世有所增益。

目前也是「秋水」詩刊的忠實同仁及編委。

陳欣心作品

海鷗

澎湃的大海
是個廣闊的空間
任我逍遙
任我遨遊

無垠的沙灘
是個快樂的淨地
給我休閒
給我憩息

浩浩宇宙
茫茫雲天

我獨自飛翔
無牽無掛

任他風狂雨驟
任他風雲變色
我恆千里單飛
笑傲長空

惜別

在相處的時刻
珍惜美好的時光
保留最溫馨的記憶
保留最難忘的相處
保留最銘心的感動

在分手的時刻
切莫徒然的傷感

留記一段永恆的回憶
留記一起走過的足跡
留記一份不凋的感謝

縱然失去的
已然奔流而去
花前月下成幻影
海誓山盟亦成空
那初初的緣起緣滅
仍是心田中永恆的彩虹
讓美麗的句點
印記成生命中
綺麗的圖騰

下午茶

少有如此的優閒
難得如此的寧靜

盛夏的喧嘩
蒸騰的暑氣
沉澱成茶色的汁液
調和著乳白的蜜糖
在優雅的空間裡
流瀉輕柔的音樂

和友人靜坐
細語如鉛的心事
傾訴著過往
如逝去的容顏
是喜是悲
或離或合
如攪動咖啡的波紋
漣漪微漾
驚覺年華似水
回首曾經的苦澀滄桑

宛如品嚐
一杯歲月的茶

化粧

彎彎的弧線
輕輕的描繪
重重的塗抹
緊緊的抿閉
而後
微微的開啓
盈盈的笑意
春天已然洋溢
眉筆
向左　輕輕一繪
向右　淡淡一畫
一眨眼

雙眸明潭之上
纖細柔順的彎月

粉撲輕拍面頰
畫龍點睛勻和
溫柔浪漫的情懷
歡愉喜悅的神采
在你我之間
瀰漫

作者簡介

陳欣心，本名陳毓美，國民小學教師，中國文藝協會、中華民國新詩學會、台南市文藝寫作協會會員。一九八五年獲優秀青年詩人獎，一九九七年獲婦女工作會徵文比賽教師組佳作，二〇〇〇年獲文化工作績優獎，著有《夜盡天明》、《詩情芬芳》、《點點溫馨情》、《請聽我說》（陳欣心短詩選）等詩集，《讓我自在上學》小品文集。

陳　墨作品

心喻

好想寫一首詩
來收藏那個美好的晚上
誰曾想
所有詞藻
都無法從容包裝
她的嬌顏　　她的巧笑
還有那灼熱的目光

束手無措的我
只好任憑
情潮肆虐
心聲咆哮

在煩燥的夢鄉

今夜
不安的靈魂
又在詩路上遊盪
不解人意的秋風
卻冷笑我痴心的模樣

這又何妨
上半夜
絲路春幫我搜盡枯腸
下半夜
碧螺春陪我苦思冥想

天亮
肯定能把那道影子鑲框
怕只怕

她的心扉還不對外開放

獻詩

今晚
一定有喜事
否則春風不會來

窗櫺外
一向寡言的芭樂樹
竟振振有詞
星星的言行
雖不拘形式
卻也頗懂人情事故

奏樂吧　月姊兒
請把她款款的情愫

我的狂喜
一一詮釋

忍不住
要吟哦那首傳頌千年的詩

古聖先賢真有高見
果然無聲勝有聲

醉飲長江

這是飲醉的最好時候
水鳥在萬道霞光中盤旋
影子在歷史的長流中揮灑
把酒臨風
紅日在菊杯的對過垂首
吞飲浩浩東逝水

誰將千古風流再度高掛
這是一生多麼美妙的片刻
傾醉於淵遠流長的水上
誰來與我共舞
誰來為我高歌

讓我做個英雄的夢吧
趁著熱血沸騰
別理會長河落日
有多少沉淪的痛苦

讓我做個浪人的夢吧
趁著半醉半醒
別理會點點歸舟
還有岸邊的白楊
有多少魂牽的秋詞

作者簡介

陳墨原名陳聰欣，民國四十四年生於台灣省嘉義縣中埔鄉，雖讀工科為了前程必須在企業界隨波逐流，然而自幼在嚴父的督促下，耳濡目染了文藝的世界，並在心靈中生了根。

半生海內外求學、工作，雖已任安神科技股份有限公司總裁，但多年異鄉漂泊的生涯，工餘之時總難免有幾許心思在心田萌芽，那是赤子之情，那是文人之懷所孕育的詩之幼苗，期待文壇先進、大佬們能多多不吝指導。

陳高德作品

山河組曲　台北印象

雖不是千面夏娃
縱看成峰側看是嶺
讀盡風雲遞嬗
看盡潮起潮落
我的心依舊堅定如昔
像那浪跡天涯的遊子
枯坐河口　每日
俯視著那美麗又憂愁的河
撩撥故鄉的童年夢憶　而那
櫻花道上朝聖者的歡呼
晨鐘暮鼓盪出的祥和
也無法抹去天邊彩霞繪成的鄉愁

毋須嘆息
流浪者沒有哀傷的權利

那渾圓堅挺的西峰
是登山者的故鄉
征服是你今生的誓言
攀爬上陡峭的背脊
仰之不見天　俯看不著地
鄉愁隔絕塵世築起霧都
當秋風不甘寂寞的造訪
總是撒下漫山遍野的芒花
招來尋夢者探幽徜徉
芒花如海浪
如少女的彩裙隨風飄盪
盪出遊子泛濫的思鄉情懷
毋須嘆息
流浪者沒有哀傷的權利

雲是我的密友
霧是我的知音
每當我心情低潮時候
他們總是不忘來看我
但我寧願是
山崖上那棵松　及
石階道旁綿密的箭竹林
像忠貞的守護神
守著妳那已遺忘的誓言
而那奔騰的硫磺汁液
煙霧繚繞熱情如昔
也滌不盡
日夜想妳的思緒
毋須嘆息
流浪者沒有哀傷的權利

懷抱著山林擁抱著城市
如今有如歷盡滄桑的老嫗
可是我也曾有標緻的娉婷時
像位多情的小婦人
野薑花遍佈水濱吐露芬芳
鷺鷥悠閒地在沙洲中漫步
漁郎力撤魚網唱情歌　也曾經
是人們的水上大道
泊運過無數的慾望和愛情　如今
已年老體弱又多病
縱然我有謙恭容忍的心情
也無法滌淨
那日積月累的往日舊夢
思念
在那野鴨追逐野雁的日子裏
想你
在那河畔夜釣秋雨的日子裏

毋須嘆息
流浪者沒有哀傷的權利

母親的扁擔

大肚溪南溝內庄的濱海星空
拾穗牛鞭扁擔太陽旗下的童年
在霧寒的冬晨豔陽的仲夏交會
如是，幼年失恃及笄失怙，孤心向晚
扁擔為伴凝海問天，數落星辰

媒妁之言遠嫁貧農三間土角厝
煎煮炒炸針裁縫補當嫁粧
孤女嫁孤兒三聲嘆無奈，人情兩三兩
三個早夭子女三把利劍
刺進無心的胸口，無淚
無言下蔗田，用鐮刀削去一身悲苦

四男二女先後落地，寒顫中一絲淚光
挑秧荷稻田埂競走，是為忘憂
母親的扁擔，不分四季，不分晴雨

伶俐的裙擺追趕父親的腳步
三間土角厝，化成五間紅磚房
扁擔與爐灶遞嬗中，紅磚映青苔
佝僂的灰白嘮叨扁擔的歲月

作者簡介

陳高德，筆名陳珂，一九四九年生於大肚溪南岸的彰化農村，自幼生活在純樸的鄉村，假日放牛、拾穗、幫忙田園農事、夜晚看星星，在大自然中打滾長大。閒暇時讀散文古詩詞，均是平常癖好。畢業於國立台灣藝術學院戲劇系，現任職於交通銀行。文學是自幼的愛好，因緣際會於一九九五年開始寫詩，作品發表於「交銀通訊」、「葡萄園」詩刊、「彰商人」刊物等。詩文重抒情寫實，反映眞實人生的喜怒哀樂，描寫吾土吾民的生活情感，這些都是我詩中的主要元素，尤其兒時記趣、故鄉回憶、生活鄉土山水花木、人文社會關懷皆是詩中的重點。

狼　跋作品

悲淒的中秋夜

——紀念九二一大地震

九二一的清晨
一陣天搖地動
驚醒大地　不　是大地
在梳妝整容
　　　忘了在它臉上的生物
可憐的台灣人民

是哭泣　是哀嚎　是怨嘆
曾經讚嘆的大自然美景
如今已成淒風苦雨
曾經歌頌的大自然傑作

如今已成人民的噩夢

那雄偉壯闊的大自然變化
瞬間　奪走了數千人命
倒了難以計算的建築物
茫茫然　真是無語問蒼天
只有淚眼相看　殘破又殘破的家

好圓的月啊——
好清亮的夜呀——
如此美麗的中秋夜
沒有爆竹聲　沒有歡笑聲　只有
淒涼涼的　哭泣聲
嗚嗚低嗚——
誰　誰還在那兒？
爺爺奶奶爸爸媽媽哥哥姊姊弟弟妹妹叔叔嬸嬸姑姑舅舅姨媽呀
你們在哪兒？

請不要再給我斷手殘軀　好嗎？
我可以拒絕接受嗎？
不是我無情
　　而是我心已死
好靜　好靜的
夜　是如此的寧靜
　　如此的漫長
　如此的冷漠
望著中秋的圓月
家不圓　人不圓
心
　已
　　碎——

你的背影

看著你的背影

淚流下
何時再回頭
投入我懷中

看著你的背影
逐漸遠去
輕輕的呼喚你的名
卻只聽到　風的聲音

留下你的影
讓回憶去咀嚼
狂亂的心痛
只有血知道
我的淚
你永遠看不到

想你　戀你

千萬個日子忘不了
別忘記我　別拋棄我
請再回頭擁抱我
　讓愛再從頭

淚已糊了臉
　眼已迷濛
心痛的如世界末日
任我如何呼喚
任我如何追憶
都已想不起你的臉
　　　　你的眼
只因你的背影
已消失無蹤

挽留妳的方法

在孤寂　在荒野　的夜裏

我獨自咀嚼你留下的
　　香味
　　身影
　　氣息
及胴體
當妳想離開我的時候——

作者簡介

小傳：狼跋，本名游秀治，淡江大學中文系畢，曾在出版社任編輯助理、屏東「勝利之家」的特教老師，現在於行政院新聞局任職。曾參加八十三年高雄市政府舉辦之《愛河尋夢》徵文比賽，並獲優等獎，現爲「中國詩歌藝術學會」會員。譯有〈台北新貌〉、〈聽〉、〈台灣的夜市〉、〈初雪〉等詩，及著有〈你的背影〉、〈掉頭髮〉、〈悲淒的中秋夜——紀念九二一大地震〉、〈漫談三國演義〉、〈化療與我〉、〈雍正王朝之我思〉等詩及文章，並分別刊登於自由時報、中華日報、青年日報等報社；並曾爲橋窗傳播有限公司寫劇本、翡翠雜誌寫專題報導。

涂靜怡作品

讀麥迪遜之橋

一條迷離的鄉間小徑
一個浪漫的秋日黃昏
一位浪子不經心的問路
瞬間　埋下一粒種子
在攝影師若柏・琴凱　與
農夫之妻芬西絲卡的夢土上

古老的麥迪遜橋是故事的場景
也是故事裡可以主使一切的紅線
讓短暫的愛苗
在短暫的廝守中急速成長
讓那個小木屋的雨夜

緊繫著彼此的命運

不確信誰能理解
那樣深刻無瑕的愛戀
要守候多久
多少輩子才能遇上

世界如此大　相思這般濃
走遍天涯海角
多少等待的歲月裡
千百次回首凝望
千百次按下快門的剎那
鏡頭盡處　揮不去的
永遠是　那幀
溫柔無比　優雅絕倫
絲毫不曾褪色的影像

春日小語

(一)

春日是一張浪漫的帖柬
總愛邀請有情人去尋幽探訪
歲月即使不再青春
不再多愁善感
沿著自己的感覺走
依然可以在紅塵道上
找到心園裡的鶯飛草長

(二)

在黑夜中覓尋生命的奇蹟
在倒影裡等待翠柳的搖曳
在開滿相思樹的疏林間
我心似一彎小小的彩虹
玲瓏高掛在雨後
方晴的天際

(三)

風鈴在簷前絮語
薰衣草在夢田馨香綻放
而愛詩的人　今夜
只想坐守一盞青燈
捧讀古卷裡的
行文流水

午後雨

露珠在荷葉上築夢
追逐一夜未眠的花語
蜻蜓是池畔來去自如的過客
匆匆中　總愛留給陽光
一抹淡淡的驚喜

獨坐池畔的歲月
雖因季節的更替

早已杳然無影
卻更像是一部經書典籍
那樣清晰紀錄著
每一樁擦身而過的事跡

某年某月的某一天
你似夏日席捲而來的午後雨
沒有預期
就凌亂打綹了一池水
從此　年年夏季
池水盈盈的日子
生命的扉頁裡
翻開最隱秘的那一章
恆是
那場偶然間的
午後雨

作者簡介

一九四一年出生於台灣風景秀麗的桃園縣大溪鎮。

三歲失怙，靠自己努力，以半工半讀完成學業，並考上公職。公餘從事詩與散文的創作，是「秋水」詩刊的創辦人之一，也是「秋水」詩刊的主編，一九七一年開始發表詩作，得過許多文學獎，其中包括國家級的「中山文藝創作獎」，及國軍文藝金像獎長詩創作獎第一名，文協獎章等。

著有詩集：《織虹的人》，《秋箋》，《畫夢》，《紫色香囊》，散文集：《我心深處》，詩話集：《怡園詩話》，《詩人的畫像》，詩畫筆記書：《綠箋多情》等十四種。

作品被收入各種辭書及歷屆世界詩選中。

目前是：中國文藝協會常務理事。中國新詩學會常務理事。A型雙魚座的她，擁有一顆善感的心，喜歡織夢，喜歡享受孤獨。愛詩，也愛畫畫和一切美的事事物物。

秦　嶽作品

親情吟

1.給老娘

搬東向西
搬西向東
搬東西向南　向北
　向破舊的衣櫃　向老朽的睡床

高齡九十　以冷眼看透三個朝代的蛻變

多少童年往事　多少幻夢理想
多少兒女真情　多少塵事滄桑
多少陰晴圓缺　多少幸福安康
多少槍林彈雨　多少苦難悲涼
娘　您搬的　到底是那一樁

偶然攬鏡
左盼　右盼　前後顧影自盼

或喜　或笑　或怒　或罵

微笑　能留住西山多少美麗的夕陽
淚水　能洗盡額頭多少淒迷的風霜

搬來搬去
娘　您搬的　豈是寂寞孤獨的自己

2. 妻那雙纖纖小手

啊　妻那雙纖纖小手

妻那雙小手
是釀製蜂蜜的手　嗡嗡的奔走
為苦澀的生活

調理香甜的美酒

妻那雙小手
是種植蔬果的手　默默的耕耘
為我們的口腹
烹飪豐厚的珍饈

妻那雙小手
是彈奏鋼琴的手　巧巧的跳動
為曲折的行程
驅散擾攘的煩憂

妻那雙小手
是揮動魔棒的手　悄悄的旋舞
為平凡的日子
粧點絢麗的彩球

妻那雙小手
是剪裁歲月的手　緩緩的構思
為漫長的人生
塗抹燦爛的畫軸

妻那雙小手
是潑灑陽光的手　輕輕的搖晃
為寒冷的人間
憑添溫暖的享受

妻那雙小手
是招惹春雷的手　微微的吟誦
為枯槁的大地
帶來豐沛的雨露

啊　妻那雙纖纖小手

3. 守望

——寫給彌月之慶的孫女秦瑄

黑夜　白晝
白晝　黑夜

在三百多個日子裏　黑白交替　循環奔忙
多少人關懷的期盼　多少人焦急的守望

從無形到有形　是卵與精子巧妙凝合的結晶
從肉體到靈魂　是心與愛情緊密交融的昇華

以熾烈的愛　為妳鋪設溫暖的搖籃
以深厚的情　為妳架構甜美的家園

即使屋外　有風　有雨　有太陽
爸媽會挺直身軀　撐起小傘　為妳遮擋

妳只要揮動妳那細嫩的小手
陽光就會為妳展露璀璨的光芒
妳只要轉動妳那明亮的雙眼
星星就會為妳點燃美麗的希望

作者簡介

本名秦貴修，一九二九年十二月九日生於河南省修武縣。曾以秦嶽、秦童等筆名發表作品。國立臺灣師範大學國文系五十八級畢業。先後曾任教師、主任等職。曾做過詩播種、海鷗、噴泉、大地、明道文藝及中市青年等詩刊雜誌編輯。是師大噴泉詩社創始人之一，也是首任社長。

先後榮獲青溪文藝書法金環獎、中國語文獎章、中興文藝獎章新詩獎、中國詩歌藝術學會第四屆詩歌藝術編輯獎。詩集《井的傳說》獲臺灣省學產基金會獎勵教師研究著作語文類高中組優良作品。

現任文學街出版社副社長兼總編編輯、噴泉詩社社長、中華美術總編輯。

著有詩集《夏日‧幻想節的佳期》、《井的傳說》、《臉譜》、《山河寧情》等。散文集《影子的重量》、《雲天萬里情》及論著《散文欣賞》、《書香處處聞》等書。

馬　驄作品

倒帶

冬雨自赤崁樓頂刷刷地退回天空
枯榕起了綠意
他乾咳了幾聲從床上坐了起來
顫慄的手還沒落實方向
一大片樹林疾馳地倒退
有幾隻鷹沿海岸反方向飛翔

紅毛族從跪姿退站了起來
沙灘上的血回溯到細的血槽
搶灘前魚肚白與面色一樣
沒看見玉山經歷的是水
六級風脫殼於暈氣的下弦月

啓碇前暗夜的貓爪罩住了驚恐
留獨子駐守嘉禾嶼需幾噸赤心
殘兵敗將沿條條山路退回石頭城
夾在守軍與順治爺的大軍中鼓餘勇
讓紅黃藍白黑旗兵見識大明餘燼的韌性
誰説一粒火星不能燎原
一陣春風不能綠江南

老子的頭顱回到脖項齜牙裂嘴
血凝肉合蜕變回一隻變色龍
左眼觀大清右眼觀大明
卜天的氣地的數
海盜船的旗不計風向
強風在那裏旗就飄在那裏

他的頭硬頸直

燒儒服
作孤臣
老子的勸降書動不了他一根汗毛
讓全國看一看忠孝伯的面目
秤一秤國姓爺的重量

諸王孫退右腳退左腳錯亂地竄回至煤山
崇禎帝自套繩上走了下來
冷凍的舌頭掉回花開春暖
孤零零地端坐在金鑾殿上
指點江山

他聞雞起舞後退入學堂
學書學詩學劍就是不學海盜揚帆
他的形體愈來愈小
老子的愈來愈大
在此岸開墾漁獵

在彼岸搶劫商民

嬰兒回到母親的子宮
河道深淵極盡混沌
兩隻蝌蚪嬉戲
一隻倒游後退西方
一隻在長崎原地踏步
暗夜回到風雨前的寧靜

喧囂吵亮了市場
人潮被街道淹沒

作者簡介

馬驄本名馬忠良，曾擔任「海鷗」詩刊發行人及執行編輯，現爲「海鷗」詩刊社員，著有《冬日以望遠鏡賞鳥》詩集乙冊。

高　準作品

醒

第一次看見你在昏黃的燈下，
你微笑的雙眼，閃耀著灼灼的光霞。
此後每當我看見你，你笑著，
不看見你時，那笑影悄悄自心底浮起。

午夜窗外下著淅瀝的雨，
雨聲中我想起你脈脈的笑意。
晴朗的夜空閃星光熠熠，
星光中我看見你眼睛的美麗。

除了你我眼中再不見一切，
我相信這就是宇宙終極的和諧，

我渴望著常伴在你身旁，
獲取你所有的微笑與光芒。

我摘下心園中的蓓蕾，
啊，五月初放的玫瑰，
一瓣瓣投入你的心湖
——一串純潔的朝露。

唉，假如你我創一個夢裏的奇蹟，
怯然我訴說我澎湃的心意，
但你輕輕說讓我們心照不宣，
靜靜的守一個深藏的默契。

夏夜我和你共數著繁星點點，
春日你與我漫步著綠草芊綿，
山雨迷濛中擷一片楓葉，
唉，山雨中一片楓葉……

而轉瞬你對我如塞北的冬寒，
啊，是誰在暗中將你心偷換？
往昔對你都不記憶著馨甜？
你忍心摧殘一園初放的花甸！

我曾經比你作雪神的女兒，
是的，你那麼飄逸而純潔，
而難道這竟是不幸的讖語？
多冷的雪呀，如今你下在我心田。

多少次重燃起希望的火焰，
而熔岩也經不起冰河的寒冽。
但為何你卻又來入我的夢中？
帶著遙遠的往日一樣的笑容！

啊，假如那是真的！

而醒後卻仍是嚴寒的隆冬。
唉，即或你把我的心兒交還，
它也已沒命回到那殘亂的胸中。

那麼，請讓我記得我要遺忘，
讓它像一片足跡遺忘在雪徑；
像一撮灰，再不記憶著焰光，
寒風裏飛呀飛呀飛入無盡的蒼茫……

溪頭月夜

月光灑著滿山
鬱鬱的雲杉與柳杉
樹影像一叢叢水草
交織在涼涼的地上

她是一尊白玉的雕像
卻罩著一襲玫瑰的紅衫

鮮麗是她的，純潔是她的
她女神的風姿可已招我回鄉：

回到了呵上古的春天
回到了 Cybele 的膝前*

Cybele 該是她的名字呢
在這月下寧謐的林間

於是她坐在水畔，低下睫簾
讓我在身邊跪下，把頭枕在她胸前

讓月光，從她手上流到
我的髮裏，我的心田

她靜靜地流下眼淚
落地都成了珍珠點點……

*Cybele（西比爾）原是森林女神的名字，也是一部電影中一個可愛的女孩的名字。那天，這名字是屬於她的。

作者簡介

高準，一九三八年生，祖籍江蘇金山（今上海金山）。台大畢業，中國文化研究所碩士，澳洲雪梨大學東方文學研究所博士班結業。曾獲選爲英國劍橋大學副院士、美國愛荷華大學榮譽作家。曾任中國文化大學教授、美國柏克萊加州大學研究員。曾創辦並主編《詩潮》詩刊。所著有《葵心集》（詩與抒情散文選）、《高準詩集全編》（附詩篇賞析選錄）、散文集《山河紀行》、評論集《文學與社會》、專著《中國繪畫史導論》、《中國大陸新詩評析（一九一六——一九七九）》、《詳註中國古今名詩三百首》等，並編有《金山縣志外編》。又新編評論集《異議的聲音》在出版進行中。《葵心集》有大陸版，爲大陸所出第一本台灣作家的個人著作。其作品的有關評論，另有《民族文學的良心——高準作品評論選》一種。

徐世澤作品

生日蛋糕上的紅燭

生日，請你來提示歲數
點燃了你
光照四方
掀起祝壽的高潮

燃燒中
燦爛的光燄在蛋糕上飄盪
我們歡唱著
你卻在流淚

你承受燃燒的灼痛
我只好縮短許願的時間

快速地吹滅你
贏得全場的鼓掌

中國詩

經過無數次歷史的演變
經過數十年西潮的衝擊
你，傳承中華民族的血脈
帶著大唐時代的光輝
響應七千年文化的號召
邁著大步走向世界

像睡醒的雄獅
盤踞於東亞
昭示全世界
兩百萬的騷人墨客
海洋一樣洶湧澎湃
把封閉的大門全部打開

如一團熊熊的火
借著風力
把全球華人的地方燃燒起來
以風起雲湧的氣勢
推展新舊融合
描繪花團錦簇的大時代
肩負著歷史使命
走向世界舞台

這一切一切
正方興未艾
超過歷朝歷代
歷史可以作證
你是重建中華詩國的光輝
功在千秋　利在當代

跨洲大橋

從遙遠的亞洲
伸出一條手臂
和煦的陽光下
伸向對岸的歐洲

希臘人的手
握住了突厥人伸過來的手
幾塊感性的鋼板接連了
海峽隔離的兩洲

大橋，交流著兩洲的思緒
從亞洲傳來
成吉思汗的牧歌
羅馬人的十字架被圓頂壓住
可蘭經震得海水嘩嘩的響

註：土耳其伊斯坦堡博斯普魯斯海峽上，有一連接歐亞兩洲的大橋，至爲壯觀。

柳

綿綿　裊裊的形象
在河畔、橋頭、湖堤上
妳生生不息的繁衍
滿懷無窮的希望
在春風中漫舞輕颺

妳沒有華麗的色彩
　　鮮艷的花朵
更沒有妖冶的情態
　　迷人的風姿
妳卻象徵著美

沒有妳

河岸、橋頭便顯得粗獷
有了妳
我們才擁有
濃濃郁郁的大好春光

作者簡介

徐世澤，江蘇東台（興化）人，一九二九年三月十三日生。國防醫學院醫學士、公共衛生學碩士。曾赴美、澳、紐等國考察研究。十一度代表出席世界詩人大會，足跡遍六十四國。曾任醫院主任、秘書、副院長、院長、雜誌總編輯等。作品散見各報章雜誌，並列入世界詩人選集、《中華詩選》、《中華當代詩詞大觀》、《中華當代旅遊詩詞精選》、《中國詩歌選》、《拼貼的版圖》等。出版中英對照《養生吟》詩集、《詩的五重奏》、《擁抱地球》、《翡翠詩帖》及《思邈詩草》等。曾獲教育部詩教獎。現任中國詩人文化會副會長、乾坤詩刊社副社長、源遠雜誌編輯委員等。

莊雲惠作品

梅雨心曲

雨水順簷而下
如山泉潺潺
單調的節奏
唱和初夏的寂寞

我早已習慣
放任孤獨的心
傾聽時間流動的聲音
撫觸記憶游走的軌痕
早已不在乎
是蕞爾浮漚
抑岸然磐石

我即是我
存在於生命的起點與終點之間
馱愛而行
溯美而遊
是獨有的
唯我的逆旅者

時間在流動
記憶會游走
無須尋繹解惑的答案
不必開啓塵封的枷鎖
寂寞心想
終將伴隨紛飛的季雨
漫跡在天地間

回到從前

讓我們回到從前
回到鶯飛草長的三月
無需言語
就知曉初春來臨

讓我們回到從前
回到楓丹蘆白的十月
無需描述
就洞悉深秋已居

沒有思情牽絆
沒有得失計較
四季的幻變
是停佇心空
一片純粹的美意

我願回到從前
無始　無終
無牽　無掛
無需探測乍冷還熱的溫度
無需計衡孰輕孰重的質量
無需在惶惴忐忑中
遺落飄逸的寧靜

回到從前
夢遊世外
魂飛天河
我即是我
你仍是你
未曾交集
無需言述
靜默領受四季幻變的純粹美意

晨語

擁抱初晨的寧靜
急切
與孤獨對話

我是一隻嚮往單飛的雁鳥
以展翅之姿
揚棄過往多彩的回憶
拋擲現實紛沓的羈絆
飛向夢寐的空冥

流光啃囓了青春
華年侵蝕了嬌顏
磨折考驗我以堅強
病痛教導我以謙卑
追攀或幻滅

擁有或割捨
已然融入生命
如寒林夕照
　暗夜星輝
都是天地不滅的亮麗

作者簡介

莊雲惠，一九六三年生於台灣省新竹縣，自學校畢業後，即傾力於自幼即已熱愛的新詩、散文與水彩畫創作。

著有詩集《紅遍相思》、《心似彩羽》、《莊雲惠短詩選》，散文集《預約一生的溫柔》、《葉葉心心》，散文水彩畫集《花開的聲音》，新詩水彩畫集《綠滿年華》等著作。並曾多次舉辦新詩水彩畫個展及參與國內外水彩畫展。

榮獲優秀青年詩人獎、新詩創作文藝獎章、水彩畫創作文藝獎章、中興文藝獎章新詩獎、及國際炎黃文化研究會「突出成就獎」。

黃朝和作品

菩提達摩

總猜疑畫匠和詩人一樣，不太解禪
祖師凜冽如鋒放芒的眼眸
被胡塗為橫掃直射，豎翹的鬍髭
粗黑漫長，自古沿襲，至今
竟無幾人識得，和尚的真面目

初次打七時，西來的意旨徘徊腦際
話頭老是被禪祖怒瞪的形容所惑
為此，一度溜出守靜的禪堂
穿越時空的藩籬，追逐千餘載
直奔南朝梁都
企圖趕在祖師會晤武帝前

將畫者誇張渲染的眸顏清理
僅遲疑兩步，會已散
心法與佛事果真無交集
師已動身離金陵
煙雨中的四百八十寺，遂無心參訪
後來翻閱楞伽經
念頭又起，掩帙復追尋
奔抵江南畔
遠遠瞧見和尚背影寂寥
攜著本地風光，一葦飛渡
霎那消失於江波浩渺的彼岸

生死河的浪濤不停
逝水茫茫，舟擺久久不來
嗣後，北方消息紛云
言師離塵絕俗
匿嵩山落草少林，對壁獨照

志堅似鐵牆難移，洞室外
觀者止步，理與行均找不到入手處
直到慧可斷臂覓心

雪飄雪溶，花開花謝
絲路神遊時，乍見祖師踽踽行腳
西出陽關
赤足豪邁，無畏黃沙千萬里
猜是西歸天竺，當下窮追求法
師無應，形蹤消失天涯前
驀然拋給我錫杖上一隻
踏尋公案的草履

落草三帖‧外一句

1. 客夢

我仍徘徊在生死河的涯岸
默對剩水殘山

山不再黛翠
水不復清澄
逆旅栖泊
境與象都難交涉

2. 行腳

草野茫茫
意內的靈華無蹤
霎那的踟躕
豪哲的影跡已杳
惟獨腳下
照顧著無邊的孤寂

3. 當下

涔雲崩灑
意表的塵埃洗濯不去
淪落的主體散漫
寶諦與劍彷彿依稀
見若未見

來如不來

·外一句

身與世相羈縻
聽說本地風光純粹
面壁擬落
豈容唇吻煽動語意

樓蘭

除了紅柳和胡楊
衹見獸的蹄印幾處
羅布泊遷徙的方位再沒人理會
繁華凋盡之後
湖畔的城邦也隨著消失
在青史淡寫的邊際
公主的芳蹤迄今杳渺
手中的水經注無從為我指引水源
踏涉已斷已涸的故道

梵音孃孃依稀
與孔雀河的流沙交響
千載古陵內的眾魂
若然都已越渡接踵的塵劫
自小河航向彼岸的清淨國土

〔註〕孔雀河是古樓蘭國的文明之河，小河是一條精心開鑿的人工運河，小河墓地墳數逾千，祇要將運河龍口關鎖，河床乾涸，陵墓群便封閉。

作者簡介

黃朝和，民國四十九年生於台灣省台南縣。十餘歲初習作時曾以「凌塵」爲筆名，衷情小說、現代詩、散文等。從戎後，曾獲國軍文藝散文類、報導文學類、及新詩類金像獎，小說類銀像獎，小說《青衫夢》獲教育部文藝獎。現職南英商工。已少涉江湖，餘暇栖隱於府城邊郊之凌塵軒，詩作未斷，仍殷情好客。

商　殷作品

春雨

佈滿天空的烏雲，壓著
看似無止無盡
陰沉沉的
憂鬱

倏然間
遠方一道驚蟄的光，一道
突如其來的閃電
妳發亮的眼神
讓我沉睡已久的心靈
甦醒過來

溼透了的衣衫
露出滌淨的肌膚
彷彿一切都被看穿
不知所措、無處躲藏
而在一陣慌亂與震顫的滂沱之後
那令人猝不及防的急雨，暫歇

簷前的雨滴
如妳的跫音細細
點打在我寂寞的心頭……

彩虹

當灰濛濛的心情，遇見
燦爛的笑容時……

妳是散放明亮的太陽
我是映成的光

從此我的生命有了顏色
有了繽紛的
想望

霧與日最美的邂逅
那是彩虹。那是

珍珠

宛如被潮水沖刷而來的蚌殼
那樣默默的
躺在平靜的海底
抗拒著周遭的一切

一切如常。只是
有誰會曉得：
在這緊閉的蚌殼裡
隱藏著一個令人騷動與不安的秘密

彷彿進入眼裡的砂粒般
愛，在心中不斷滋長
一點一滴、日積月累
但我依舊如同蚌殼那樣倔強的
緊閉雙唇，沉默不語

也許是怯懦吧，我想。

這堅硬的外殼不過是
為了掩飾內心的軟弱

是的
請原諒我的怯懦
我知道：
我用太多的沉默
向妳訴說

總有一天
當愛再也無法隱藏、
當蚌殼終於開啓時
妳將會發現：
妳已成為我心中那顆
最最耀眼奪目的珍珠

作者簡介

商殷，本名陳君愷，臺北市人，一九六五年出生於日本埼玉縣。私立輔仁大學歷史學系學士，國立臺灣師範大學歷史研究所碩士、博士。現爲私立輔仁大學歷史學系副教授、「葡萄園」詩刊同仁。平日於史學研究之外，兼從事新詩、散文、小說等文學創作。

雪　飛作品

想像美的三層次

一、蝴蝶的夢

閃動翅膀
喚醒風
如喚醒藍色的海波
像是那深海裡
貝殼醒來的微笑

舞動彩翼
發出美的信號
往來於
萬紫千紅的花海
尋覓夢裡知音

尋覓莊周的身影

二、天鵝的舞

展開翅膀
隨著柴可夫斯基的舞曲
閃動純白羽毛
如輕飄的芭蕾舞短裙
妳是奧杰塔姑娘

從月夜裡湖畔
舞向那夢的天空
舞在雲裡，在王子懷抱
一起舞出儷影雙飛
啊，美麗的公主
愛情終於戰勝惡魔

三、天使的歌聲

不需乘坐
科學的光波飛行

妳有美的翅膀
不必藉e世代的電子聲波
來傳達愛的信號
妳有悅耳歌聲

歌聲穿過雲的密林
福音從天空傳來
願望的祈求發自凡塵基地
夢卻在星星居住的地方
那是愛的語言配上音的翅膀
妳的歌聲迴旋於
天上人間，人間天上……

附註：奧杰塔爲芭蕾舞劇《天鵝湖》中，與齊格菲王子相戀的公主。

送妳一朵鑽石玫瑰

我送妳一朵

永不凋謝的玫瑰
是鑽石綻開的花朵
配上一條
細長的銀色項鍊
請妳每天掛在胸前
讓它聽到妳心動的指頭
在歲月的弦上
彈奏生命的樂章

鑽石的花朵
來自我心中的晶體
不凋的玫瑰
成長於藝術的精雕
在陽光裡
鑽石的玫瑰展顏微笑
那柔和的光
已透入花底生命

那光之夢
已化作七色虹彩

我送妳一朵
鑽石綻開的玫瑰
一朵花，一份祝福
當妳離去時請不要忘記
將它貼近心窩帶走
讓它每天每天
依然能聽到妳在彈奏
彈奏生命的樂章……

附記：本詩係在《一顆鑽石一首詩》寫作時，其中談到鑽石的「玫瑰切磨」有感。

作者簡介

雪飛，本名孫健吾，亦名光裕。一九二七年一月一日，出生於四川省酆都縣。一九四八年隨軍來台，並在軍中接受軍醫養成教育，畢業後分發陸軍醫院擔任內科軍醫。其後多次調職，至一九七四年退伍。退伍後先轉任民間醫院醫師，後自行開業。現擔任「秋水」詩刊社副社長，爲中國文藝協會、新詩學會、詩歌藝術學會會員。被選爲新詩學會本屆理事。二〇〇二年獲全國詩人節大會頒贈詩運獎。

長詩《山》及《台灣，自由的島》，曾分別獲國軍文藝金像獎長詩第二名，及青溪文藝金環獎第一名。已出版著作有：《山》、《大時代交響曲》、《滑鼠之歌》。歷年來作品被選入多種選集。

范揚松作品

拒絕熔化的石頭

——寫歌手金門王之猝死

你頑強如石，被迫擊砲逼上九重天
降落荒野盡處，碎片鐫刻著血跡
火的溫度500，意志的硬度600
血是激辯的言語與最沉默的烙痕…
鮮紅色意象，醮灑薄弱的肉身
你拒絕熔化，你拒絕成佛—
僅把砲聲隆隆和佈滿血絲眼球
打包成行李，從邊緣到島嶼
從都市暗巷，到盆地的角落
每晚，敲打鍵盤並彈唱豔俗
小曲，胭脂與煙味混聲合唱

然後禮貌地鞠躬，等待安可
隨之，低沉嗓音吼著蒼老砲聲
如痰，在喉嚨結疤卻咳不出

（有緣無緣，大家來作夥
燒酒飲一杯，乎—乾啦
乎—乾啦……有緣無緣
大家來作夥，燒酒飲一杯
乎—乾啦，乎—乾啦……）

刀鋒邊緣，呼嘯著陳年戰爭
手肘截斷處我聽見子彈在咆哮
一咆哮就四十九個春花秋月
歲月變臉，回憶不了童年往事
時間卻將自己推向更大的漩渦
你在邊緣四處走唱、吆喝
串場，以及作有限度的喧鬧

始終看不見自己真正的位置
流浪，卻成為忠實的導盲犬
從金門到淡水，從淡水到天涯
天涯盡處，有滄桑的歌聲
如蛇，啃噬心頭的痛

（有緣無緣，大家來作夥
燒酒飲一杯，乎ㄧ乾啦
乎ㄧ乾啦……有緣無緣
大家來作夥，燒酒飲一杯
乎ㄧ乾啦，乎ㄧ乾啦……）

詩，沒有盡頭

熙攘車聲一句驚叫，路燈紛紛
探頭映照，你匆匆離去的足跡
孤獨，在喧嘩中寂寞地戀戀絮語
駭然驚覺手中的餘溫，頓已結冰

昨天喧囂的鑼鼓，在季節裡瘖啞
背影，時空壓縮後竟隱入體內
成蠱，日夜啃噬揮之不去的痛

（荒蕪阡陌，腳印丈量著千山萬水
指針的方位，叫不出城市的名字）

沿著思路，總在每個感官出口
找尋一處岩灣靠岸，逆流的水勢
翻飛記憶洶湧，如何在漂蕩中
繫住潛藏江底的暗礁，銘刻著
狂飆日子裡，青春不悔的秘語
我們用唇的熾熱，交互解讀著
身世，心悸的響聲追趕著血流
回首頻頻，時時警惕迷途險境
突然竄出的蛇蠍與埋伏的深淵
山窮天際，水複無路，苦—苦

思索；一個意像與韻腳如何安置
而蠱，肉身餵養多年後紛然欲動
（不設防的邊境，散落著愛情碎片
絲路，在華麗中黯然斑駁－褪色）

滾滾黃沙，撲擊頹廢已矣的城牆
你隱身別有洞天的石窟，鎮定如佛
我面壁十年，孜孜鈎勒光影的樣貌
午夜靜寂中，飛天身姿破牆而出
旋飛如激湍，筆勢曲折狂亂不已
一次又一次描摹，卻卻終成敗筆
蠱，仍緊緊咬痛輾轉難眠的夜……

作著簡介

范揚松，台灣省新竹縣人，一九五八年十月出生。國立交通大學管理科學博士研究，企管碩士。歷任雜誌總編輯，企業執行副總、總經理等職，現任大人物知識管理集團董事長、美國金州大學 EMBA 學程教授，中南工業大學、成功大學兼任教授。近年致力大型資料建置及檢索技術開發，已完成十五種產品上市，其中以「標點版古今圖書集成」資料庫最受世人注目。曾獲香港徵詩軍獎、兩屆國軍文藝金像獎、全國優秀詩人獎、葡萄園詩創作獎；出版詩集《俠的身世》、《帶你走過大地》、《木偶劇團》，現《青春拼圖》結集中。此外，管理類著作書卡二十餘種（冊），論文五篇發行海內外。

許運超作品

春

千古不變的時序
年年輪替著萬紫千紅
呈現的總是誘人遐思的顏色
詩人曾說要
「把你跟老人茶
一起泡開」（註）
但是沒有說出
熱品及冷嚐的密碼
想是留給舌尖去解密吧

如今時序依然輪迴
也許詩人仍然邀你

共飲這一季詩意
但是有一群人
無論到天涯或海角
總是把你當作買賣

註：女詩人晶晶的詩句。

夢魘

SARS是一個飄渺的名字
來了看不到他的影子
發燒咳嗽是他現身的樣子
人們才驚覺那是凶殘的敵人
SARS像武俠小說裡新崛起的高手
一粒飛沫十億凶器
被煞到的都會浸潤纖化一睡不起
連三月的花季四月的清明
都被他染成黑色的日子

到處都是矇面客走過的原野
而各門各派高手雖群起抗戰
仍然無人倖免
啊！
倒下去的是英雄
而健在者呢？
恐怕就是一場夢魘

世紀情境

當二十世紀最後一抹夕陽
西下之後　那情境自然的
似百年以來
什麼都沒有發生過
但隕石般的夕陽
就在一瞬之間墜落
在天邊激起的霞光
反射出一世紀的記憶

一戰、二戰、韓戰、越戰
印巴、波灣一直戰到柯索夫
而今台海還有風雲
人類基因也已經有了譜

當二十世紀最後的一秒鐘
奔向新世紀之後
第二十一個百年E始
新的情境於焉誕生
天地萬物可能歸零
夕陽可能不會西下
所有的記憶都E化
而基因解密重組的結果
出現的人非人馬非馬
也許大部份都叫桃莉的羊
然而戰爭已不像前世紀那樣
漫天峰火遍地硝煙
它被E化以後盡是無聲的光影

可是社會呢？
被E壞了
惟有風雲還在

生日詩兩首

生日

開始走人生的路
這條路有長有短
有人走得好
有人有得壞
無論如何走到盡頭時
都得向這世界的一切說
拜　拜

生日的那一天

生日的那一天
孩子們在蛋糕上
點燃了一支問號的蠟燭

看那跳躍的燭光
心中泛起許多感悟
問號代表年華流逝的忘懷
融化的是生命的容顏
啊！
燃燒的是一種人生

作者簡介

許燕菁，本名許運超，一九三九年農曆八月生，廣東省合浦縣人，軍校畢業，從小愛詩、讀詩，認爲「詩可以言志」而「志」就是內心的情境，爲了要表達這種情境而寫詩。一九五六年十七歲在「復興崗」月刊發表第一首新詩之後，在「葡萄園」及晚報副刊均有作品發表。一九六二年至一九九四年期間，由於公忙停筆卅餘年，一九九六年九月退休後重投繆斯懷抱，寫詩自娛，現爲「三月詩會」會員及「葡萄園」詩社同仁。

紫　楓作品

雨浴荷葉

是誰流下一夜清淚
當曙光初露
荷如出浴的仙子
翠綠的玉盤
輕輕托住顆顆珍珠
晶瑩潤澤閃著剔透的情意
傷心的人兒
迎向陽光
你的淚沒有白流

臨別回眸

臨別回眸

你燦爛的笑容
如夕陽灑下粼粼光影
盪漾我心湖
層層疊疊的金色回憶
重現眼前
快意瀟灑是你的離去
黯然流連
是我無法收拾的思念

沒有眼淚的夜晚

別把快樂拒絕於門外
而這是個沒有眼淚的夜晚
縱然
鬼魅哀嚎代替了愉悅的歌唱
驚悚的眼神代替了祥和的臉龐
也許
該閉上雙眼安撫自己靜靜等待

告訴自己
別把快樂拒絕於門外
這是個沒有眼淚的夜晚
然而
為何看到農亡國亡的旗幟
心似鉛般沉重
淚竟悄悄落下

湖畔靜坐

揮別塵囂
就在澄清湖畔靜坐
如處子仰首展臂迎向藍天
終是
找到靈魂的出口
似白鷺鷥悠翔於碧波綠林間
或安逸憩息
夜幕低垂燈火點燃

且待有緣人
何須在意幽黯孤寂
釣起清明如鏡的月
成就一個自在佛

山是我的座椅

山是我的座椅
任雲為天空編織朵朵美夢
任風一心一意追逐夏日的璀璨
任溪絮絮叨叨一路的坎坷
停下腳步
山是我的座椅
冥思
渾沌因開竅而死的真意
我該如何提煉自己
追尋渾沌未開的快樂

作者簡介

紫楓，本名杜紫楓，籍貫為河北省豐潤縣，一九五〇年生於台灣，屏東師範學院語教系畢業，曾任國小教師，現已退休。現任高雄市兒童文學寫作協會監事。兩度獲台北市教育局兒童劇本佳作獎，另獲台灣省教育廳兒童劇本佳作獎、台灣兒童文學會少年小說組佳作獎、國語日報牧笛獎、高雄市婦女會小說首獎、中華民國新詩學會年度優秀青年詩人獎、文建會「好書大家讀」推薦好書等多項獎勵，已出版《一百分的小孩》、《演的感覺眞好》、《是誰偷了果子》、《一位母親的死》、《糊塗爸爸》、《吹牛俠客》、《動物語言翻譯機》、《綠毛與醜姊兒》、《片片楓葉情》、《楓韻》等十種。

麥　穗作品

阿抱（註）

集
雲的飄逸　霧的迷朦
山的壯麗　林的靈秀
成
片片鮮綠　葉葉清純

怎忍得將其採摘
置於粗俗的筐簍

受盡
曝　揉　烘　烤……
扭曲乾癟得不勝憔悴

還要施以水深火熱的煎熬
連最後一絲原味
都被吞盡吸光

註：「阿抱」泰雅族語，原意爲樹葉，後指茶，台灣早年色情花茶室泛濫，「茶店仔查某」成了賣春者的代名詞，原住民原無妓女這一名詞，就以「阿抱內令（茶女）」稱之，久而久之省略了「內令」，阿抱又成了妓女之泰雅語了。

過澳門記事

步出浸沉在煙霧中的葡京
抖落沾滿一身濃濃的銅臭
碎石塊鋪成的小街窄道
居然還能踩出中國的古老
被夕陽燒得紅紅的大三巴
尚在慶幸逃過祝融的一劫

才能被高高拱起
屹立成鮮明的一堵澳門標幟

旅遊塔的旋轉餐廳窗上
環繞著一幅長卷　畫著
英國的香港　中國的珠海
葡萄牙的 MACAU
但已被珠江口的浪濤
揉成模模糊糊的一團

撫摸過從唐山飄來
生根在觀音堂的老榕
踩踏過來自葡萄牙
鋪在媽祖閣的彩石
卻懶得去逛一逛
東洋味十足的八百伴

剔著葡國餐留在牙縫中的
烤羊排屑
匆匆越過長長的友誼大橋
在拱北關用護照離境
到拱北口岸要以台胞證入境
這裡有一國兩制的滋味

曲阜之旅三題

孔廟古柏

無論是挺著腰幹
或扭曲著肢體
他們堅持地守護者聖殿
細數朝代的更替
看盡歲月流逝

不曾因聖殿被尊崇而雀躍
更不曾因聖師遭羞辱而俯首

祇默默地忍受榮辱的交織
至聖先師也好老二也罷
其實歷史早已告知他們定論

孔府一瞥

庭院依舊深深
宅第還是重重
主人渡海成了台胞
沒有帶走一瓦一磚
祇帶走一份厚祿

門檻還是高高
氣勢依舊昂昂
迎四方匯集的朝聖之客
敞開聖府大門
接受千古難變的敬仰

杏壇

一陣風間
軒昂的古柏們

都搖起頭晃起腦袋
朱廊金頂的方亭中
揚起弦歌鼓琴

我遂亦正襟危坐
隨著樹梢落下的聲聲
聲聲從古至今不變的音調
群樹朗朗
我亦朗朗

作者簡介

麥穗，本名楊華康，浙江餘姚人，一九三〇年出生於上海市，一九五一年開始寫詩，曾加盟紀弦發起的「現代派」。現爲中國詩歌藝術學會，中華民國新詩學會常務理事。曾獲頒第十五屆中興文藝獎章，第三十五屆中國文藝獎章新詩創作獎，一九九一年詩運獎。著有詩集《鄉旅散曲》、《森林》、《孤峰》、《麥穗詩選》、（北京版）、《荷池向晚》及散文集《滿山芬芳》、《十里洋場大世界》，評論集《詩空的雲煙》等多種。

張　朗作品

歷史人物七詠

一、漂母

沒有識英雄於未遇的慧眼
不懂投資與報酬的理論和操作
幾碗粗糲的婦人之仁
既預購了千金佳城
又獲青史免費贈送幾行
不著名姓的芳香

二、范增

雖說項羽的敗亡
由於他自己犯了太多錯誤
你不如蕭何
也是很重要的原因

歷史舞臺上
少表演一齣
精采的月下追韓信

三、曹沫

三戰三敗的將軍
沒把握打贏第四仗
不知是得到高人指點
還是突來的靈感
北杏之地，諸侯會盟壇上
按劍攬袖
輕輕鬆鬆地劫回汶陽之田
還不知不覺地
登上了遊俠鼻祖的寶座

四、澹臺滅明

被有教無類的萬世師表退學
給你的打擊必定不小

化打擊為進取的推力
你證明了取人不能以貌
也意外地證明了
人雖至聖仍不免於過

五、龐涓

你是一頭虎
太過沉醉於自己的威猛
如果能片刻清醒地想一想
添一對翅膀以後的情況
田忌怎能從一條泥鰍
變成在天的飛龍
自己怎會在馬陵道上

變成一個刺蝟

歷史裡怎會有一篇
同窗相殘的千年遺臭

六、孫臏

你們師兄弟之間的悲劇
決不能完全歸罪龐涓
即令他是鮑叔牙再世
你也決對不該去大梁
做第二個管仲

如果魏王拜你為伐齊上將
要不要統大軍滅父母之邦
走了不該走的路
刖刑實在是應得的報應
為何那麼多讀史者為你不平

七、黃歇

也名列戰國四君子

率合縱勁旅　取道蒲阪
六國多少對瞪得好大的眼睛
等著看秦軍潰敗、秦關棄守
全天下沒有一個人料到
你的戰場秀
竟是一齣臨陣脫逃
至若門下三千客
幾乎都是高級鞋的代言人
沒有一位彈鋏的歌者
沒有一把等待脫穎而出的利錐
甚至
沒有一個雞鳴狗盜之徒

作者簡介

張朗，本名張領義，祖籍湖北孝感，一九四九年來台，現定居淡水。曾出版詩集：《一千個希望》、《漂水花》、《淡水馳情》、《詩話江山勝蹟》、《心靈的腳印》及《兩岸江山兩岸情》。

張　航作品

老兵頌

獻給全世界勞苦功高的
老兵弟兄們

意志堅如鋼，
身軀強似鐵。
軍營是他的鍊鋼爐，
戰場是他的試金石。

把生命奉獻革命，
將身軀捐給國家。
滿臉皺紋是他奮鬥的記錄，
一身創疤是他不凋零的勳花。

國旗

臺灣民眾
在　青天白日　旗幟下
艱苦奮鬥
大陸人民
在　五星　旗幟下
挑燈夜戰
兩岸同胞　握手
言和　多好
太陽　星星　禮尚
往來　多美
中華兒女　團結
合作　出人頭地
炎黃子孫　奮發
自強　揚眉吐氣

天之嬌女

——迎綺文孫女來吾家

盼　盼　盼
天之嬌女
終於
盼到妳　降臨
　　　　吾家

家人　疼愛妳
小哥哥　妒嫉
媽媽　打扮妳
小哥哥　欺侮

天生
懂得　忍耐
天生

知道　禮讓

妳笑
漾起　長輩們　心花
妳哭
撩得　長輩們　心疼

等　等　等
等妳　婷婷玉立
才華洋溢
大哥哥喲
定以妳　為榮
天之嬌女
吾闔家啊
準以妳　為耀
天之嬌女

許願池畔

採摘　一籮筐　心願
來到　許願池畔
池水　綻開漣漪　笑靨
迎　虔誠人兒
人人　把脫韁　心願
繫在錢幣上
默默地祝福
虔誠底祈禱
悄悄的擲向
許願池中央
鏗鏘水聲
震盪心花
一個個沉填
心願　一朵朵輕盈
馳騁彩雲　碎落

許願池上
可增添不少
遐思
看啊
許願池上　已繡繪出
圈圈
圓圓
圈圈
圓圓　心願啦

作者簡介

張航，一九三〇年十月二日生，創辦《文穗文藝雜誌社》任社長兼主編。作品曾獲教育部新詩獎章、歌詞第一名、小說第二名；國防部小說金像獎；及其他獎五十餘次；全中國歌曲大獎賽獲歌詞《榮譽獎》。世界漢詩大賽金獎及一等獎。《月是故鄉明》張航歌詞18首在江西藝術劇院公演，榮獲演唱紀念金牌。

著有張航詩歌選粹；張航小說選粹；童詩兒歌200首；張航聲韻歌輯；月是故鄉明；海上情歌；風颺雲湧；風雲讚歌；張航兒歌曲選；在詩中靜思（慈濟向全球出版發行來淨化人心、美化人生。）

莫　野作品

六翼天使

展翅，揮動神所賜予
光明潔亮的晝
黑夜闇沈的祕密
精靈般晶瑩透明
從最高的權位上呼喊
聖哉耶和華
榮光我主，澤被萬物

真的墮落了嗎？聖靈的你
穿越時空，徘徊塵泥
誰能透徹上帝的事工？
造化驕傲的姿態

行考驗與誘惑的旨意
謠傳在天上和人間流竄
你可曾因滿紙控訴而猶豫？

遮住了臉遮住了腳
你用哪一對翅膀飛翔？
白與黑，是與非，善與惡
都不在你高舉的羽翼之上

春天的故事

季節風吹的時候
芙羅拉乘風四處旅行
一顆頑皮的種子
自她的衣袋逃離
飄然，降落
門扉虛掩的花園裡
生根，發芽
抽長搖曳纖纖的蜿蜒

綻放酷似玫瑰的豔麗紅花
紅花沒有扎人的尖刺利牙
引來夜鶯踞枝嘹亮啼唱

鐘樓裡的他雙眸是動人的月光
身披黑絲絨衣裳
追循夜鶯的婉轉悠揚
踏風步入花園，溫柔地
採擷燃燒著危枝的紅霞
夜鶯棲上了他的肩膀一起離去
黃昏的天空於焉滂沱
雨季過後，纖細枝枒異樣蓬發
藤蔓糾葛日復一日壯大
花期不再的壯大
蜜蜂嗡嗡抱怨，蝴蝶無趣翩然
一隻杜鵑拍著翅膀停落
扯直了嗓門高呼：相思！相思！

神祕的種子現出真實的面貌
蜂蝶惶然打包，競相走告
撤離！撤離！一切都已太遲
盤根糾結，深據花園
緊抵門扉再也無人能入
誰有力量將成熟的相思連根拔除？
誰能填補，拔除後可預見的空洞和
滿園荒蕪。

季節風依舊按時徘徊
陽光穿透濃密的陰影零星散落
花園外，耳語著弔詭的傳說
流傳斑駁牆內的森林有怪獸
沈沈地、沈沈地
睡著……

菩提樹

想種菩提樹
尋尋覓覓，山裡

眷戀你如名圓融的雅姿
嘩啦風中渾雄低語
雨走過時沙沙呢喃
總在尋覓你的蹤跡
思思念念朝朝暮暮

這山是哪山？
有大肚的胭脂
是不是同樣的海味
鹽漬出相同的赤貧？
猝然，瞥及你伶仃身影
扭曲的葉脈羸弱失真
心疼！動念
讓我帶你回家
給你一方淨土
好過落魄野地的變樣

困侷一隅，頹然凋零
少了日月星辰的滋潤
你已氣息奄奄
我用七日的等待證悟
菩提生死，人性自私

尋尋覓覓，方外
種棵菩提樹

作者簡介

莫野，本名李彥鳳，祖籍安徽。熱愛寫作，痴心於詩，以書爲師，自研自習，自得其樂。九三年與數位志趣相投的女詩人共同創辦「谷風詩報」，任發行人暨社長，同年榮獲中華民國新詩學會「優秀青年詩人獎」；爲中國文藝協會、中華民國新詩學會、中國詩歌藝術學會之會員，詩文作品散見於海峽兩岸各報副刊與詩刊。目前爲專職小說家，已出版文字保守估計高過五百萬，目前正致力於奇幻小說《亞空間傳奇首部曲》之創造，即將出版。文學觀：「深入靈魂與自己相處，穿越時空和大眾共鳴」。個人期許：「爭利當爭千秋利，留名應留萬世名」。

葉日松作品

被快門俘虜回來的童年

1.
向天空要不回失落的星星
只好到池塘裡
尋尋覓覓了

2.
把一串串拾穗的記憶
與禾串一起在風中晾起
替農夫宣示、朗誦一篇感動的告白

3.
猶聽到你以感性的聲音

入夜時分
在古董房裡
燒錄一張曬穀場的月光
一張古典又傳統的ＶＣＤ

4.

是誰在編織童年
是誰在呼喊童年
是誰在揣摹童年
是誰在記錄童年
是誰在邀約童年
是誰在留住童年

5.

如果可以
請讓我回到從前
尋找童年的腳印
尋找自己爬過的痕跡
即使遙遠

我也不願老朽在別人的鎂光燈下

6.

接不完的通告——
野台戲之外，還是野台戲
沒有自己的劇本
就不能過自己的日子
我的簽約
早已被人套牢

旅遊詩篇

1.車過大草原

車過大草原
數大的羊群氾濫著原始的鄉愁
而牛群和鹿群
也把紐西蘭擠壓成出口的商品

2.在紐西蘭上空

從南島到北島

我不斷地複習每一張環保山水明信片
嘴裡哼著毛利人粗獷的民歌
我一再敦促記憶
不要迷路
記得不要把異鄉誤寫成自己的鄉關

午餐後——
我向空服員要一杯鮮奶和礦泉水
品味紐西蘭
像所有的綿羊
細細地咀嚼生命的牧草

我攤開一張捨不得丟棄的綠色面紙
信手寫下了一首環保詩
連同機票的存根
摺疊成書
一併寄（帶）回台北

3. 從奧克蘭飛香港途中

幾乎所有的人都睡了
只有我在小小的螢幕上
閱讀一頁又一頁的飛行記錄
和時間作乙次無聊的慢跑

4. 我在哥倫比亞冰原上

生命的厚度
難道一定要以零下數十度來計算嗎
億萬年的河水
在悠悠的時空裡
難道不會變奏嗎
在哥倫比亞冰原上
我意外地感應到深淵底下河水翻滾的
鄉愁

移植和斷線的風箏

1. 移植

守不住最後的夕陽
我把感傷
移植到向陽的土壤

2. 斷線的風箏

從此一方漂泊一方牽掛
彼此都成了天涯

作者簡介

葉日松：台灣花蓮人。現爲國立花蓮師院和國立花蓮高商文藝社團指導老師。也是花蓮縣文化基金會的常務董事。近年來，除了寫國語詩之外，也寫客家詩，並出版有詩集多種問世，獲得廣大讀者之熱烈迴響。他的童詩〈快樂在農家〉經過譜曲之後，由教育部列爲全國學生鄉土歌謠比賽的指定曲。今年他又爲台灣鐵路局出版的「紀念月台票」寫下〈五月雪〉——油桐花。〈春天跟誰來〉，也收入許景淳的個人專輯中。另外，他更爲花蓮縣某高職及兩所國小，寫了校歌歌詞。還在電台和電視台中，主講客家諺語。

葉日松經常巡迴在大中小學校園中，擔任文藝講座，指導詩歌朗誦以及文學獎的評審工作，特別是對於詩歌教育的推動、不遺餘力，深受各界敬重。

賀志堅作品

江南春

濃雲被疾電驟雷撕裂震落
陽光便一縷縷地篩下來了
　小陽春以纖細的手　為百卉蛻下襁褓
春江的魚兒虹飛　有如新月浮沉綠波
氤氳中有輕盈柔軟的步履
響自山崗、樹梢、平野、田園……
　由是田蛙鼓噪、鳥鳴嚶嚶　以及
草青花紅；大地一片如錦
是誰將瑰麗的文章　揮寫在粼粼水面
鵝鴨不識之無　卻領首船步呱呱哦吟
　絲絲細雨過後　小螞蟻從菌子傘下出來
折一截柳枝為槳　花瓣兒當作畫舫輕搖

蜂蝶以原始的語言探詢梅枝花訊
明年雪花飄時再來擷取純潔芳馨

秋聲

那嘹亮的蟬鳴
化作曳長的清風，遠颺
草葉上點燃不亮螢火
樹林間掛滿了溪聲

是它，在我的屋檐下
隱然安放了一張鳴琴
隔著窗紗
淅淅　瀟瀟　瀝瀝　颯颯

挺胸仗劍的舞者，高歌離騷
從山岡綿綿浪奔至江邊
擎舉起那管白絨絨的狼毫　如椽

飄飄隨風為天下墨客　招領詩魂
方驚異於紅葉飄然來自天際
卻也聞鴻雁在雲中傳來叮嚀
幾番風雨過後
鐵定紫姹嫣紅，大地春回

高山之旅

一

金光從東方竄起，將緊壓在黑夜裏的山林強行釋放頃刻，飛鳥千轉，樹上掛滿溪聲，花草兒迎風舞踊星星閃爍熹微，愛提燈籠夜遊的螢火姑娘嬌羞退隱慵睡的野鶩，被車陣驚醒，兀自鼓翼飄飛鶩影輕輕

車　迤迤邐邐於瀰濛的晨光中　左右盪漾
人　是在雲霧、林海的淺浪間　上下浮沉
山　把蜿蜒迴轉的路，幻化成彩帶；高低弄影

路　將重巒疊翠的山　當作成紙鳶；上下牽繫
叢叢簇簇　若舞若醉的　綠浪
——是深山沉霧、煙嵐中的　浮雲
層層疊疊　如棉如絮的　浮雲
——是萬山林海、綠浪中的　銀帆

山　循著路　迴環；曲而有容
路　依著山　旋轉；如往而復
景物　在諸多蜿蜒、彎轉中　一再幻化
人　是這盞——巨大走馬燈中的一個小影

二

深山中的晨照，是凝重的；朦朧又混沌
雲裏樹、霧裏花，隱隱約約中　竹籬茅舍
山田有如魚網和棋盤　從谷底懸掛到山尖
老農夫　終年在這網、盤上，為人類播種希望

日正當中濃蔭深處，有水氣蒸騰、黑風叩響森林
從工寮茅舍嬝嬝升起的炊煙；是您心底的悠然
山空語響、伐木丁丁；由遠而近由近而遠而稀
千枝萬葉在陽光盪漾下的綠浪；翻滾舞踊如醉

累了坐下憩息；仰觀天際風雲相逐，俯察草木繁茂
或望風懷人、見浮雲思鄉；因景生情，隨心所欲
聽群山鳥鳴，看萬壑花草；沾沾享其快樂與芳香
回顧來自人潮嘈雜、車馬喧囂的身影，頓興惋嘆

黃昏剛臨，陰闇即從四面壓來，山林一片沉寂
遠望一輪紅日仍掛林邊；正高速度向長河滾落
二三雁行映在天際；看不出飛向落日或回歸山林
人　是這幅——秦漢？唐宋？明清古畫中的遊者

作者簡介

賀志堅，江西省蓮花縣人，一九三八年生，筆名：大風、雲飛揚。五歲由其父柏林公授四書、幼學，六歲入保學——門上卻掛著：「蘇維埃列寧小學」。十六歲讀高一被抓去當兵至南京入軍校，十五年後，被強迫退伍入師大讀童訓，繼進修國文，又讀文大新研所，曾任小、中、大教師兼中華、中央、自立等報新聞記者三十年。著有《歸帆》（世界名著評介）、《細說台灣》、《台灣風采》、《大陸遊蹤》、《唐詩選讀》等十餘種。

晶　晶作品

第三域

定位於天地之間
你是視界中的一線
而「一」的深廣、豐盛
誰能盡識

水疆岸界　那是
不同於天上人間的第三域
走近你　赫然呈現無邊的
汪洋　浩瀚

囊括礁石、沙灘及鱗介的種族
版圖中　水天如鏡

浪花是鏡中的白雲
與翱翔的沙鷗翩翩起舞
共譜浪漫的組曲

水晶宮的子民們
漫然悠遊
不食人間煙火

偶而從深層的積澱中
轟然一嘯
沖天而起的狂笑　展示
粗獷、激情的原始魅力

夜來
星子分身而至
為水域的暗夜
點燃一盞盞晶亮的街燈

給杜鵑

今年的三月天
不再淡淡
從第一顆飛彈落在遠方
你便開始泣血
轉眼一片殷紅

奉獻了最後一滴鮮血
哥哥打勝仗回來
你也哭乾了最後一滴眼淚
僅以素面素服
護佑著四週山坡

海的低語

如果沒有島
那一腔熱情

寄與誰

如果沒有岸
那萬種風情
付與誰

如果沒有船
那滿腹幽怨
訴與誰

如果沒有港
那顆漂泊的心
將何處依泊

總算有了一線希望
遠遠地那束光
是你溫柔的召喚

深情的牽引

浪的獨白

盡由那些頑世的石頭
構築堆積而成
山一樣冒出海面
自以為多麼
佛　多麼
哲　多麼
道學　多麼
傲岸……
不管我如何
撥弄　如何
愛撫　如何
拍打　甚至
怒摑……
都無法將一片

柔情深種

作者簡介

晶晶，本名劉自亮，一九三二年生，河南羅山人，浙江杭州女中畢業。服務軍職三十餘年，已退役。現任「葡萄園」詩刊編委，中國詩歌藝術學會監事，三月詩會同仁。作品曾獲中國文藝協會第廿七屆詩歌創作獎章。著有詩集《星語》、《曾經擁有》等。

喜愛文藝、獨鍾新詩，自認詩是文學的精華，是文藝的精靈。

琹　川作品

我的詩

是樹之於原野
偶爾風在耳際廝磨
一怕癢
便打翻了滿天星斗

其實潛著血液幽淡
卻總隨候鳥行蹤而蠢動
流蕩的意念
劃過季節火柴盒
剎那的光與熱——垂照虛空

當人們努力把詩寫成朗朗經典

我的詩是隨風散落的櫻瓣
一閃而逝的光芒
那健忘的母親啊
總是記不起孩子的容顏

但幸好　我仍在寫詩

我的房間

四面鬆以層峰翠巒
有一道門通往林蔭幽徑
有一扇窗收攬天光雲影
並適時放飛我那思念的白羽
最愛坐在柔軟的織花碧毯上
閱讀曠野上的呼喚
聆聽韋瓦第四季之音
蔥綠的髮總是慣於飛揚
撲翅於風中的光亮

寫在潺潺的河頁之上

或者起落的潮聲環繞四壁
有一道門開向珊瑚綺境
有一扇窗可以垂釣月星
且盡情放生我那自由的魚群
最愛躺在貝鑲沙鏤的海床
冥想海明威血紅色的生與死
尋找刻骨刺痛之後明透的珍珠
海藍色的脈動早已注定了
流浪　一波波漫遊的足跡
刻入岸岩的靜默裡

因此
在高高的山頂引吭
在深深的海底沉吟
我的最愛

瓶中詩

在想像的房間裡擁詩起舞
端坐以默想之姿
貼著夜風翻越無邊靜寂

彷佛昨日
那婀娜曲度在時空疊合處成形
水域蒽美陽光追逐著流星
絕對是謬斯的信徒
揉合身心捏塑而成
歷經火的考驗意志定型
愛以飛翔的羽灰和遼闊的海藍調釉
多年之後才明白
原來那是漂泊的顏色
端坐以凝視之姿

嗤嗤的火舌舞動命運燃燒中

時間凝止
思想隨著蒸氣騰升
赤紅的心赤紅的煉
在極致的高溫中
追求一種最完美的色澤
而舞影魔幻莫測
細微的走調將使一切失控

端坐只是端坐
撥開夜霧於月光疆域神遊

穿透遙遠的記憶
而來　一種無以言喻的氣息
美麗的蝶釉片片剝落
退回蛹　退回最純素的初胚

如一朵含苞的百合
始覺知那是源自於泥土的芬芳
釋放自身上的每一細孔
於是
就這樣坐成了大地

作者簡介

琹川本名洪嘉君，台灣省台南縣人，輔仁大學中文系畢業，師範大學國文研究所。曾任文化出版社編輯，報刊、雜誌花藝專欄作者，現任中學教師。秋水詩刊編委，秋水詩社網站駐站，中華民國新詩學會監事。曾獲吳濁流文學新詩獎，全國優秀青年詩人獎，鹽份地帶文藝散文、小說佳作獎，輔仁文學散文獎。參加過【回首蘭溪】畫展，詩與散文作品被選入國內外各選輯中。

著作：詩集有《琹川短詩選》（中英對照）、《在時間底蚌殼裡》、《飲風之蝶》、《琹川詩集》，散文集《種藍草的女子》，筆記書《貓咪小寶貝》，專著有《中國現代插花藝術》、《花道之美》、《格花入門》等書。

曾人口作品

龍椅

走過可容納一百萬人的廣場，
穿過紫紅色的天安門，
就已到了進入歷史多時的紫禁城！
當雲龍石雕和太和殿在眼中出現的時候，
真懷疑民國是否已誕生！
我最好奇的是－
金鑾殿中那張龍椅！
那個雕了九條龍的寶座，
曾有二十四位皇帝在這裡登基！
最初坐過籌謀建宮的永樂帝，
最後坐過被革命黨逼退的溥儀！
最可憐的是蒙面自縊的崇禎，
最囂張的是垂簾亂政的慈禧！

她不知道什麼叫英明，
她不讓光緒坐穩龍椅！

龍椅呀！龍椅！
只要坐上你，
不管有沒有學問，
不管人民同不同意！
一言一行，
就不能再當遊戲！
即使是天下的第一好漢，
或者是天下的第一才子，
要是入朝當了官，
每天清晨，誠惶誠恐！
叩首、拜跪、三呼萬歲！
坐上你，在意識型態上，
自認有凌駕於萬邦的地位！
只知有中國，那知有歐美！
用木船與鐵艦相擊！

用拳頭和槍砲抗抵！
賠了款，失了地，
忍心把臺澎割棄！

龍椅呀！龍椅！
只要坐上你，
便可號令天下，尊御玉輦！
難怪野心家，一直對你暗戀！
革命成功了，民國成立了，
袁世凱還想擁有你！
溥儀退位了，滿清結束了，
張勳還想復辟！

龍椅呀！龍椅！
你本默默無語！
只是有人，企圖佔有你！
如今時空轉換，世代交替！
但願此後，
你真正走入歷史，

當文物永遠休息！
世界上，再也沒有皇帝！
政權屬於人民全體！
不再有人，塗炭生靈，
爭奪你——
這張不曾拒絕人的
龍椅！

萬里長城

或許是驚訝！
或許是敬崇！
萬里長城的奇景，
映入了太空人的眼中！
不管是山海關，
不管是八達嶺！
城牆的磚皆用先人的血染成！
城樓的樑柱皆用先人的骨支撐！
是漢、滿、蒙、回、藏？

是秦、漢、唐、宋、元、明、清？
是塞內、塞外？
是大將、小兵？
無蹤、無影！
無姓、無名！
戰爭！戰爭！戰爭！
爭！爭！爭！
有的是賣命求生！
有的是奪權爭名！
到如今，
誰是豎子，
誰是豪英！
是誰輸，
是誰贏？
然而，看過築城的太陽和晚風，
卻分別——
露出當年看張良擊椎時的臉色，
發出當年聽荊軻唱易水寒的聲音！

還有——
看過李廣迷路過的明月，
也隱約還在空中亮著眼睛！
孟姜女哭過的城牆，
吳三桂開過的城門！
到如今，
可以吸引觀光客，
也算是一種遺產，
留給後代子孫！
只不過，
經過多次的整修，
雖變了樣，
但腥味猶存！

作者簡介

字啓修，民國二十六年生於雲林縣。性好學，現在嘉義大學中國文學研究所碩士班進修。作品曾獲教育部及高雄市文藝創作佳作奬，南瀛文學奬傳統詩首奬。曾任高雄市詩人協會第一、二屆理事長，現爲高雄市文藝協會常務理事。著有《金湖春秋》、《詩學淺遻》、《仁口詩草》等。執教於社區大學及佛教學院。

曾美玲作品

還記得只是昨天的事

——給女兒

還記得只是昨天的事
妳們都是來自天堂的嬰孩
眼睛裡閃爍著上帝的祝福
嘴角掛著天使的笑容
天真地依偎
在爸爸媽媽鋪滿溫暖的臂彎裡

還記得只是昨天的事
妳們從爬行、站立到跌跌撞撞
勇敢踩出人生的第一步
生澀彈奏早春的樂章

花園裡初次飛舞的幼蝶
在爸爸媽媽分秒不離的凝視中

還記得只是昨天的事
妳們才揹起童年的大書包
裝著數不清的疑問唱不完的夢想
忐忑走向小學堂的鐘聲
陌生神秘的召喚
各自加入玩伴們瘋狂的嬉戲

還記得只是昨天的事
而妳們忽然迅速長高
心底暗藏青春的秘密
寫詩、對鏡、微笑或者哭泣
在升學主義陰暗的夢魘裡
悄悄塗抹一道絢麗的虹彩

還記得只是昨天的事
或許明天妳們即將遠行
像逐夢的船帆終於駛離
家的臂彎航向夢的天涯
或許當妳們偶然回頭
蒼茫的暮色中懸掛著我倆永遠的牽掛

疑問

青春是疑問是一排排
迷路的雲彩
踩著懵懂的腳步
無心闖入
天空的秘密花園

愛情的疑問是一群群
失眠的蜜蜂

張開好奇的翅翼
忐忑飛向
情人的熟睡夢境

歷史的疑問是一縷縷
哭泣的幽魂
搖幌眷戀的腦袋
千年徘徊
世間的恩怨劇場

生命的疑問是一冊冊
憂傷的典籍
攤開寂寞的靈魂
日夜燭照
詩人的永恆歸宿

讓夜的絲被悄悄地覆蓋

讓夜的絲被悄悄地覆蓋
親愛的，所有屬於白晝的喧嘩
烈日下莫名的憤怒與猜疑
隨著夕陽緩緩沉沒
消失在無垠的黑暗草原上

讓夢的清泉輕輕地洗滌
親愛的，所有屬於現實的污濁
生活中積壓的煩憂與無奈
隨著幻影漸漸消逝
融化在滔滔的時光洪流裡

讓風的巧手柔柔的撫慰
親愛的，所有屬於過去的傷痕

記憶裡沈重的淚水與嘆息
隨著歌聲戛然而止
遺忘在悠悠的歲月搖籃中

讓詩的雨露甜甜地滋潤
親愛的，所有屬於生命的苦難
爭執時巨大的絕望與孤獨
隨著祈禱默默遠離
廝守在永恆的愛情天地內

作者簡介

曾美玲，台灣省雲林縣人。國立台灣師範大學英語系畢業。現任教國立虎尾高中。「葡萄園」詩社同仁。作品曾獲師大新詩獎、童詩獎。並獲全國優秀青年詩人獎。著有詩集《船歌》、《囚禁的陽光》。

曾美霞作品

台北10°C

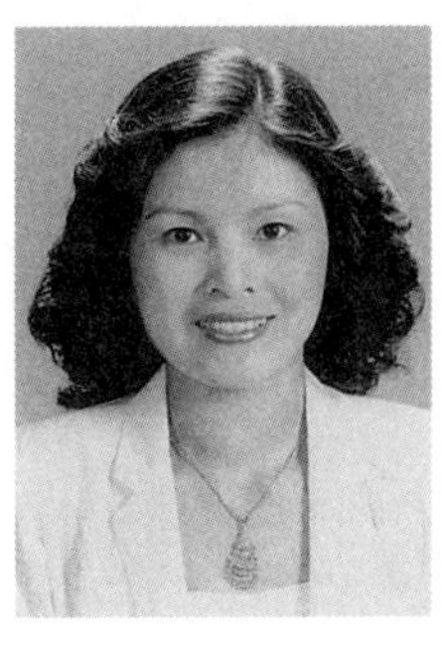

分手在台北10°C　咫尺如天涯
　不見晨曦不見晚霞
　　只有霧嵐颯颯

雙頰艷光寒沁　恰似冷冷絲帕
　雲髻飄墜幾綹溫柔
　　是一息尚存的情話

渴醉的寂寥自胃壁攀爬
買重金屬喧嘩　附贈伏特加
　盡情揮霍　偽裝的瀟灑

台北10°C　妳擁有皮毛的風華
　任虎豹狐貂控訴兩足的自大
台北10°C　日月星辰無處流浪
　請陪我　暫歇冰冷的十字架

葉脈

隨落英　願把繽紛化泥護樹
　黛綠依舊散放玉蘭香
秋風不解　捲向王樹溝渠
　雨水泛漲了污泥
　陽光蒸腐了身軀
澀白嶙峋是青翠豐腴的銷蝕
　誰來拈起這一羽淒美
讓冷傲　到紅樓尋夢
　陪黛玉葬花

把自己埋進瀟湘竹林

春風多事　無端亂翻書
吹掀了傷心情懷
回想起前塵舊憶
唏噓一葉枯骨　唏噓

滑鼠

説我醜　眼睛和獐頭並列硬湊
説我沒毅力　尾巴和虎頭對比
説我輩橫行　逛街時人人喊打
説我最卑微的那一粒
　必須為一鍋粥負責
e世代好風水　我是電子新貴
我讓你經濟起飛　築夢最美

千里眼順風耳自嘆不如　想鑽地
飛鴿傳書八百里加急　閃邊去
只要一指神功　寰宇盡在眼底

新世紀　輪到我神氣
　笑傲江湖　屬我第一
滑——天下大稽
鼠——我第一

幻想捉弄了我

不聽使喚的酒瓶　對不準杯子
不肯就範的杯子　盛不住傾洩
　游蕩的意識迤邐流淌
妳　穿牆而來　如凌虛仙子

不聽使喚的雙手　抓不住情人
不甘寂寞的情人　抑不止奔放

噴激的熱情瀰漫泛濫
我　向妳飛去　如撲火的蛾

血紅的酒滲入熱血
酒紅的血溶入烈酒

滿眼的紅　嘲笑我蒼白的自尊
幻想的妳　捉弄了我的幻想
我的幻想　一再一再捉弄了我

相見時難別亦難

走了？　妳眼中滿是狐疑
走了！　我用感嘆給妳肯定
一千頁日曆　誰能一張張細數
一樁樁記憶　誰能一件件剝離
妳說別離難　難相捨

我說相見難　難相逢
　妳的堅持不讓步
　我的決定不妥協
爭執　為了凍凝別離的憂傷

妳知道我瀟灑的背包裝滿無奈
我明白妳微笑的唇角隱藏酸楚
於是我們互道
　相見時難別亦難
最難更是　從這次離別後
　到下次相見前

作者簡介

曾美霞，高雄人。曾經教書、寫詩、寫小說、寫散文和劇本。曾任中國詩刊主編，中華民國新詩學會理事、常務監事，中國詩歌藝術學會監事。現任中國文藝協會理事、副秘書長。作品：《山動了》、《翩翩飛翔》、《出軌》、《波女與息女》等。

童佑華作品

寧靜

晨曦
斯斯文文的踱到窗前
親手將盆中金盞花枝葉
剪成一幅鏤空的平面圖案
超現實地
舖展在紫檀木的桌面上

須臾
壁上的佛菩薩從香煙裊繞間
以摩娜麗莎的微笑
緩緩步出　走進塵凡

未發一語
半偈

小烏龜的禪思

閉目養神
人家在曬太陽嗨
這是莊周傳授給我的
養生祕笈

這年頭已不作興
夢蝴蝶了
道法自然　自然就是
道法。

臨池

興來潑墨一曲
公孫大娘舞劍器

以釋五內飢渴之塊磊

摩擬自遙遠的北方渡海南來過冬於
平沙水際成群結隊黑面琵鷺的
悠然起落飛翔靈動之姿
亦乃上乘之師焉

至於捕捉
登峰極致　合當
捨棄海市蜃樓
攀高必自卑。

冥冥穹蒼
那雲煙浩邈的翰墨淨土靈山
果真是漠漠蒼蒼
「其大無外」乎

母親的銀耳環

近鄉　總是情怯。
清明節前夕返回故里
為母親的遺骸移靈安葬
在荒湮漫草的墓穴中
竟意外地發現一只塵封了二十多年的
銀耳環——

擦亮後
豁然照見母親在冬夜昏昏豆油燈下
　紡棉紗的身影
春三二月鄉間田隴上
　挑糞施肥的身影
以及小時候病榻旁她從菩薩座前
　採來的「仙丹」熬成藥水
為我殷殷餵食的身影

一九四八冬末我離家的那年春上
母親懷么弟因逾齡難產
我急向家中供奉的觀音大士哀哀跪求
么弟終於安然呱呱墮地
此後據說母親逢人直誇我是家中孝子

昊天罔極！
如此的「孝子」卻只能在
五十年後回到您的身旁為您安葬
這枯槁的　骨骸

桂花

將一身的榮耀都歸之於
層層覆蓋的綠葉
桂花算得上是謙謙君子了

將自己最足炫麗的部份
隱藏在不為人知的暗處
　散發著幽幽淡淡底清香
讓路人佇足
不必　下「馬」。

作者簡介

童佑華，安徽巢縣人，一九三二年生。商專畢業，考試院特考乙等人事行政優等及格，公職荐任九職等人事主任退休。詩作入刊多種詩專集。愛詩歌兼習書法，以遣退休後閒閒生活。

喬　洪作品

石公傳

聞說那年的秋天
連你自己也忘了你是如何的
瘦了。不想你被放逐經年的名聲
衣衫襤褸地穿著鐵蹄無意留下的活口歸來
之后，千山萬水便把你沉重的心情擔在肩上
一擔就擔了三十載風雨無阻的
皺傷，誰也沒有告訴你關於流水的消息
卻日以繼夜的在你旳掌中搬動著那條河的
聲音

那個時候，縱使你有口也將難言
一座銅像如何

就成了你擔憂的日子唯一的
憧憬。這麼著你已在那條路上
來來回回的走盡了
峨眉的天空。青山綠水也難忘你的身世
你是一株寂寞的水仙。猛然回頭望你的時候
看你正別著你三餐不繼的妻兒
一頭就栽進了冰涼的寒水中，聞說

冷冷的冬天也已經過去了
你還在無法自拔的山高水深中
而路是黃昏時你獨自奔回的
杜鵑。你該知道如何
才能走回那蝴蝶的地方

・詩註三十多年前遭日警嚴刑苦打，出獄後喪失神智，以挑石渡日的鍾銀波老先生。

溪頭印象

整座山的綠色族群
紛紛以筆直的蒼勁
衝上雲霄
與天空對談

氣溫冷冽的春三月
縱有突如其來的太陽雨
亦洗滌不去朝山者
雙肩沾滿的涼意

悠然自得的錦鯉像夢幻之舟
停泊在斑剝的拱橋下吞食著日月
倒映在池水中明亮的樹影
不理造訪者熙熙攘攘的腳步聲

大花曼陀蘿與繡球相約走入春天
好似鶼鰈情深的愛侶早已決定
要乘著孟宗竹一路傾斜的風速下山

且試圖以山城的那輪落日去結束
整個事件的緣起

回聲壁

我在河的這頭用心喊你
你在水的對岸無動於衷
面對整個童年曾經奔逝的水聲
夢裡的喧嘩永遠濕冷

我在山的頂峰大聲叫你
你在澗的幽谷一語不發
面對整座山林曾經仲夏的傳唱
夢裡的聒噪永遠冰涼

我在海的這邊耐心喚你
你在陸的彼端噤若寒蟬
面對整張輿圖曾經凍結的年月
夢裡的鄉音永遠沉寂

我在天的浩瀚認真問你
你在地的邊緣無言以對
面對整顆地球曾經塵封的冰原
夢裡的鐘擺永遠疏離

蘆荻，早安

聽說　昨夜
你們又相約來到我的窗口
以那麼一種蛙鳴來守候
看我如何在入睡之前把一枝寒梅早凋的身世
來翻閱，看我如何把舊怨添上所有的新愁
一一疊成了你們隔岸的水燈。即使是花燼的午夜
也要等在淒風苦雨的天涯

聽說　今晨
你們依然站在我的窗口
以那麼一種水聲來守候

看我如何在梳妝之前把一根一根的白髮投入昨夜
菊花泛濫的河口，看我如何把家書烙上歲月的斑駁
一一凋成了你們瞳裡的早霜。即使是霧冷的五更
也要等在千里迢迢的關山

蘆荻，您早啊

作者簡介

喬洪（喬竑），本名洪名縣，一九五一年六月三十日生於彰化縣大城鄉上山村大山路一號，一九六六年十五歲時爲效班超毅然考入陸軍第一士官學校，兼修文武。一九六九年十八歲時代表陸軍參加三軍政治大考，當選第二十一屆國軍政士。一九七九年參加人事行政乙等特考，以全國第三名成績及格後，即升任大城鄉公所民政課長，二〇〇三年三月一日正式退休。散文集《飄向海湄》，一九七八年七月由彩虹出版社出版，一九七二年在金門服役，受詩人文曉村影響，開始現代詩創作，並發表作品。一九七七年加盟《綠地》詩社，一九九五年加入「葡萄園」詩社，現爲中國詩歌藝術學會會員，一九九六年七月由彰化縣立文化中心出版個人第一本詩集《菊花磨坊》，二〇〇〇年六月由詩藝文出版社出版個人第二本詩集《關於雪的昨日》。

傅　予作品

放下

放下，放下我的愛
讓我輕如地球　漫步於太空
放下，放下我的夢
當天邊一顆星醉成了
一道彩虹
放下，放下我底生命
像露珠消失於陽光下，又
像閃電消失於雷鳴中

百年後

百年後
貓依然會叫春
阿里山的櫻花依然會怒放
一顆詩心依然最靠近天堂
地球，依然繞著太陽跑，但是

百年後
這地球上的人類已經重新洗牌
只有遺傳的基因活在播種人的身上
而我的詩呢
它會在另一個星球上
用地球村語言，向
外星人朗誦

花之聯想

一朵花
由含苞待放，而招蜂引蝶
而綻放最美麗的一刻
而裸露它最隱私的地帶

然後，它由盛開
而枯萎、而凋謝
而一瓣一瓣的復歸于土
在如斯花開花謝中

我看見了大自然間的一個輪迴
大自然間的一個輪迴
見證了造物者兩個神奇的傑作
一個是花、
　一個是女人
因為在生命中
這兩種生命上最美的東西

最容易讓人聯想在一起
最容易讓人聯想在一起
當你想到花、就會
想到女人
想到花與女人
又一個另類的聯想
從神經的末梢
浮
起

排隊

在售票窗口前，排隊
排成一列國民禮儀的展示
在捷運月台上，排隊
排成一行優美的弧形

在國家考場裡，排隊
排成一張依成績高低的金榜題名

在自由民主選舉的票櫃前，排隊
排成一批依選票多寡，而
進入國會殿堂的諤諤之士

在殯儀館的焚化爐裡，排隊
排成一串往生者，在
縷縷輕煙中羽化而成仙

排隊，排隊
排成新世代生活中的新秩序

可是，在濛濛的濃霧裡
我卻看到另類的風景——
一隻「黃牛」在窗口前不排隊
一個「槍手」在考場裡不排隊

一張鈔票在黑夜裡暗通款曲不排隊
不排隊呵不排隊
黃泉路上有人要插隊

插隊，插隊
有太多人要插隊
在濛濛的濃霧裡
他們扭曲了我原先一條優美的視
線

作者簡介

本名傅家琛，祖籍閩榕，任公職四十六年退休，一九五三年於自立晚報「新詩週刊」（覃子豪主編）第六十五期發表第一首新詩〈走過去〉。一九五五年初版口袋型小詩集《尋夢曲》，一九六七年起因故擱筆卅年，退休後適逢台灣「九二一」大地震，而震醒了詩魂又開始塗鴉，作品散見各詩刊及若干報紙副刊。在千禧年冬天的尾巴上組合了近半世紀來第一本詩集《生命的樂章》並在二十一世紀的第一個春天，由文史哲出版社出版。現為〈中國詩歌藝術協會〉監事，並為「乾坤」詩刊暨台北「三月詩會」同仁。

陽　荷作品

被烘烤的夢

——給哭泣的伊拉克小孩

這哭聲
穿過黑夜與白晝的縫隙
在萬里外
向世人提問戰火解不開的習題
無數問號堆疊的驚懼
要記誦或刻意遺忘
都是胸口被擊傷後
帶淚的印記

或許也只能靜靜哭泣
當焦黑的土地

將童年的夢
烘烤成沒有月色的廢墟
那冷冷的夜
該有一條流動的小河
載著你孤寂的靈魂
划入爹娘夢裡的溫柔

這哭聲
是戰火燃起的悲歌
黑夜裡的小花
能否開出黎明的訊息

鄉愁

夜　你該靜靜的睡
為何彈動不眠的思鄉曲
一首首古老熟悉的曲調
徐徐緩緩奏開童年褪色的記憶
瞬間　慈母倚門而望的華髮

在風中飄起
一盞明亮的心燈
在夢中甦醒

從來　不知道我也有鄉愁
即或把蜿蜒的小路
唱成一支孤獨的曲調
也以為能瀟灑抹去眼角的淚珠
而今行過千帆
方知那夢中熟悉的呼喚
慰我多少飄泊的辛酸
走在寂靜的夜
聽著久違的思鄉曲
愛戀與憂傷
都是我靈魂眷戀的歸航

父親的足印

我愛讀父親赤足的腳印

豔陽下　風雨裡
厚實多繭的雙足
一腳踩進泥土裡
踩響大地的跫音
踩出父親一生無悔的足印

父親厚實的雙足
緊貼著泥土
緊貼著生命的氣息
我也學父親赤足踩進泥土裡
細嫩的雙足
一粒石穿出一滴血
忍著痛　淚中感知
父親雙足親吻著泥土
吻出多少生命的悲歡

終於　我讀出
父親足印裡那抹芬芳的黃土味

再也不問一雙皮鞋
在牆角
孤獨躺過二十年

別情

別離的笙歌
響在層雲的背後
短短的相聚
又是長長的揮手
未完成的詩
已遺落在你溫柔的雙眸

心事跋涉千里
終究要與輕風擦肩而過
留不住的
只把黑夜的雨絲
彈撥成憂鬱的音色
道不出珍重

思念的指針
已遙遙指向離別的盡頭

不敢守候
不為任何的許諾
在浪跡過後
放行的舟
若還能再相逢
那是牽牽繫繫
無法忘情的
不捨

作者簡介

陽荷，一九六一年生，台灣省南投縣人，國立臺灣師範大學國文系畢業、國文研究所結業，現任中學教師，是「中華民國新詩學會」、「中國文藝協會」、「中國詩歌藝術學會」會員，「秋水」詩刊編委，愛詩、愛畫、愛音樂，曾經獲得二〇〇〇年「全國優秀青年詩人獎」「台中市第六屆大墩文學新詩獎」，詩文發表於海內外各詩報，並被選錄在歷屆年度詩選輯中。著有《陽荷短詩選——中英對照》。

路 衛作品

阿美族

台東縱谷很詩情
這是鳥兒們唱出來的
鳥兒們一大早
就用甜美的歌喉
從樹梢唱到草叢
從山崖唱到水湄
每一個旋律
都是一節飽和的意象
每一個吟囀
都是一疊動人的詩句

台東縱谷很畫意

是花兒們的傑作
花兒用他們動人的色彩
畫在原野上
畫在長堤上
畫在峭壁間和山腳下
每一筆都是驚艷
每一幅都有季節的芬芳

台東縱谷很音樂
那是海和風的合奏
風以靈巧的琴弓
海以精練的技法
合奏出春之聲
秋之韻　夏之頌
冬之藍夢狂想
由高高的青山
演奏到藍藍的澗水
自縹緲的月夜

演奏到金色的黎明
每支曲子都是一次心靈的洗禮
每一樂章都是生命底層火山的爆發

台東縱谷很文化
是阿美人以智慧打造出來的
阿美人以精巧的雙手
打造陶藝
打造農耕
打造漁獵
打造集會所正宗出品的名牌男丁
再從嘹亮的歌聲
動人的舞步中
打造出熱情祭典的盛況
打造出阿美族的驕傲
打造出縱谷中大家族的非凡風範

達悟族

勞碌的風
把一面三月的海洋
擦拭得晶藍
映進蒼穹的臉
映進雲的瞳
騰空而起的飛魚般
一行行寫進達悟人的
眼裡和心裡
豐收的笑容
弧度飽滿銀亮如鱗

一隻冰刀式的繡花鞋
切開鮮麗柔美的天鵝絨
驚走的水花踏著古典的舞步
鞋面的人紋與輪形眸
交織成健健勇的豪情

在小小丁字形的掩體之下
赤裸的胴體
向陽光
向海洋
向一線無垠的
天際梃進

鄒族

阿里山的姑娘美不美
看水就知道
阿里山的少年壯不壯
看山就知道

只要嘗過生魚片佐料的辛辣嗆
就曉得山葵是個狠角
只要到阿里山趖上一遭
就會見識到山葵統治的廬山

要想掀起鄒族人的文化蓋頭
集會所裡有訣竅
男裝女飾的色彩裡有鎖碼
至於製陶、傳統的家族組織
更是佈滿了蛛絲馬跡

莊嚴的凱旋祭
虔敬的播種祭
歡騰的收穫祭
神祕的子安貝祭
展現出鄒族人另一特質幽遠的路

作者簡介

路衛，本名周廷奎，山東郯城，一九二七年五月五日生。爲了升合糧曾經做過三十多年的孩子王；也編過二十幾年的小刊物，有時雙軌，有時單行道。著有《鄉土勞作教材》、《履韻》、《訴說的雲山》、《春天來到萬年溪》、《璀璨的光譜》等。

路　痕作品

詩泳六式

仰式

眼看天（閉目也行）
別看　前面
前面也許是別人的臭腳丫
也許是迂腐的硬腦殼
只管把手往上提　把身子往前提
努力超越前一個自己
如果　疼　在後腦勺呼喊
那就是你已到了
彼岸

蛙式

可以浮出　但別把頭抬高

否則難免惹人嫌棄
可以潛入　但別窺人隱私
否則準會挨　踢
上上下下東南西北都可以任由你揮灑
可是別進了人家的芭蕾舞場
因為你只是一隻　蛙
不是
美人魚

自由式

會這一招的人可多著　誰理你？
除非你衝第一　或者
殿後
反正別想像自己是一艘遊艇
因為你　不夠豪華
也別誤以為自己是艘戰艦
因為　水面有更強大的火力
如果不服氣
倒可以安慰自己

假裝是萬眾矚目的　鐵達尼號
不過
是在沉船以後

蝶式

看你那麼拼命
到底是為了什麼？
時間的河流可長得很
你有多少氣力？
老將輕撥慢游　你撐得有他久？
新手駕輕就熟　你游得比他快？
頂多只是把不悅的水花
濺在大家頭上
下次比賽
你準被除名

狗扒式

扒個啥勁？
你這隻狗
也來湊熱鬧？

到底
懂不懂詩

管你游得好不好
反正這是一池乾淨的水
我們只嚐人尿
不歡迎狗騷

海盜式

反正我已爐火純青
你奈得我何
眾人都稱我泳技精湛
你管我什麼身段
識趣的閃一邊去
免得被我的手刀劈
膽怯的別來攪和
省得我多費氣力
只要一口氣在
這個泳池就是我底

井

那年跌下至今仍未
爬上來
他在冰冷中堅持
一種隱隱的熱量
許多黑藻繼續在眼睛飄撫
那種香
是足以致命的
摻雜著慾望

不經意攫獲他的
那口井
依舊打撈不到他的名字
雖然吸收了全宇宙的光亮
卻照不到他身上

一個晦暗的靈魂

有著微弱的呼聲
「愛我吧！」
他重複千萬遍仍不放棄
那口井被女人的眼眸帶走
再也讀不出
他的思念

作者簡介

路痕又名陸恆，本名李茂坤。一九六三年生於嘉義市。企管碩士，曾任雜誌主編。中國詩歌藝術學會、新詩學會、臺灣現代詩人協會會員。

獲八十四年優秀青年詩人獎、第一屆桃城文學詩佳作獎、第一屆艾青杯優秀作品獎（未領獎）、《葡萄園》四十周年詩創作獎。

詩作曾入選《八十四年詩選》、《一九九七中國詩歌選》、《一九九八中國詩歌選》、《二〇〇二中國詩歌選》、《小詩瑰寶》、《可愛小詩選》、《葡萄園小詩選》、《詩國詩星》、《百年震撼》……等多種選本。

已出版有詩集《戀鍊風塵》、《路痕》、《單音六節》；科幻小說作品系列：《魔鏡》、《畢卡索之吻》、《靈彈》、《蝶戀》、《井》、《時空之殤》、《種子》等七冊。e-mail : isme @ cyccatv.net.tw

楊拯華作品

杭州西湖風光

小瀛洲

——三潭印月

一檐虛待山光補
片席平分潭影秋　清・羅渠

山光四圍裡　水光四合裡
青山綠水　我心相印
人在忘言中

時而曲橋相通　時而柳堤相連
時而竹徑通幽　時而藕花香風
時而「亭亭亭」　時而「九獅石上嬉戲」

園中有園　湧出樓台
人入畫中畫

三潭印月　湖中影成三
天月水月塔月　心中映月
明月自來去　潭影無古今
月升波面　鑑定空明
人從鏡中行

湖心亭

——湖心平眺

如月當空，偶以微雲點河漢。
在人爲目，且將秋水剪瞳人。　明·張岱

在水中央　一片清光浮動
水月光中　太虛一點勾留
亭立湖心　靜觀萬類收萬象

湖心平眺　風來水面集群流
十分明月都到湖心
廣寒宮原在湖心亭

孤山

——放鶴亭·林逋墓

世無遺草眞能隱
山有名花轉不孤　清·林則徐

誰說逋仙無家？
自愛林表煙霞　家居物外
誰說逋仙無妻？
玉梅自開花　疏影橫斜　暗香先返　佔盡風情
誰說逋仙無子？
靈鶴放去舞長空　鳴臯鳴臯　志衝九霄

逋仙真愛青山綠水　一生風清月白
湖山豈有遺人？
逋仙一生處士　三十年勝隱得孤山
閒心豈止壯千古？
逋仙墓中惟端硯一方　玉簪一隻　墓前「修竹亦蕭疏」（註）
遺蛻雲根豈遜舍利子？

註：林逋（和靖）先生自題詩中句。又鳴臯係先生飼養靈鶴名字。

瑞石古洞

形似浮雲的「飛來石」　碧雲一抹
覆在洞頂
狀似槖駝的山峰　峭削凌空
奇石攢湧　寒泉澄泓　壽藤怪蔓
圍在洞四周
雲氣穿洞　仙氣進洞

洞中煮石點燈　何等空靈
洞門葉落無人　何等空寂
順逆應俱忘　壽年豈可期
洞外野菊紫竹　空翠撲面

註：洞位於紫陽（瑞石）山北，清幽徹骨，湖山奧區，罕與倫比。有「城南小靈鷲」（意即「小飛來峰」）美譽。洞內石磴曲折，屐舄所涉，栩栩然覺有仙風焉。洞口岩壁上，鐫有極大「壽」字石刻。

龍井問茶

眼底閑雲亂不開，偶隨麋鹿入雲來。
平生于物元無取，消受山中水一杯。　明・孫一元《飲龍井》

問龍井四絕　那一絕最絕？（註）
問淡雅茶味　有多少蘭花清香？
問甘醇餘味　沁人心脾能多久？
問雀舌形葉片　撮泡時有幾種舞姿？
問翠綠色光澤　穀雨時節增添幾分？

問君知否　茶淡自清心
問君能否　一日無此物
問君飲否　兩腋清風生否
問君三咽　是不是還不忍漱
龍井問茶　問不完的茶文化

註：龍井茶是綠茶極品，位居中國十大名茶之首。以「香郁、味甘、形美、色翠」四絕著稱。

作者簡介

楊拯華，一九四六年七月三日生。青島市人，一九七〇年文化大學中文系畢業，一九八五年政大教研所結業。六十年起服務特殊教育界三十年，九十年八月退休。曾爲華岡詩社創辦人之一，曼陀羅詩社同仁。出版《如夢令》（楓城版）等新詩集五種，《腦性麻痺兒童早期教育研究》等特教論著二十一種。

楊火金作品

狼煙夢境

——對美伊戰爭的哀痛控訴

伊拉克的天空狼煙四起
透過鏡頭
哀嚎、殘肢、肉屑揉合著
傳遍世界每一個角落
夢就這樣擴散
開
來
溜進了世人的憂鬱

在狼煙四起的天空下
集體相殘、弱肉強食

一幕一幕的
直奔向冥冥漠漠的天涯

在狼煙的夢境下
沒有陽光
博物館、文物、文明
成了人性貪婪的祭品

在伊拉克的原野上
沒有上帝沒有阿拉
只有四起的
狼
煙
夢境

倉頡的夢

傳說

倉頡一直在尋找一個永生的夢
他日思夜想的尋覓著
他「仰觀天文，俯視地理」

他想人生應該讓它輕輕翻過
除了一堆白骨外

一日他又仰望著天空發呆
看著深遠的晴空惶悚的問
猛然鳥獸之跡第一次
在他的心湖蕩漾

漫漫長夜從此露出曙光
夢也逐漸清晰

我終於相信　倉頡造字時
「天雨粟，鬼夜哭」

噢！這才是我的伊甸園

蚊子的相對論

——對高雄登革熱病例破千有感

阿公說：「活了幾千萬年，
沒有來到高雄風光。」

孫子說：「尚未孵化，
已入禪定。」

「登革熱！」
一隻埃及斑蚊氣定神閒的說：
「已使我們名留青史。」

一位正在噴藥的衛教人員
嘆口氣，說：
「汗水，都能使孓子大為繁殖。」

為了撲滅登革熱傳染源
阿公扶著孫子說：
「站起來！
我們要在汗水裡大大的站起來。」

尋夢記

柳絮輕揚，隨風而飄
那如雨後春筍般的
占據我的心頭，急欲
展翅凌空

午夜一隻貓頭鷹撞死在屋簷上
夜的夢遊者，就此結束了
我披衣而起，乘著月光
凌空而去

白雲悠悠，綠草如茵
當悠揚的樂音
竄進了我的心坎
竟是白日一夢

啊！我醒自年少的癡狂
將以一生的時間
尋夢去

作者簡介

楊火金，一九五九年六月一日生於彰化茄苳莊，居此已三代。興大畢業後，加入《葡萄園》詩社，現今於彰化私立精誠高中服務。雖曾壯志滿懷，如今卻過著平凡的日子。只想寫一首詩，過一個快樂的下午。唯經常疏懶，但偶爾也頗知努力。是曾於一九九七年獲優秀青年詩人獎。詩作尚未結集問世。

滌　雲作品

二零零一・第四季

昨夜，盲目的被一片遊雲帶走
星月，投射的銀白光絲
是少女遺落的薄紗
樹蔭底下，飄浮一縷岑寂
藤類蠻橫的臂膀，糾纏
河流脆弱的呼吸，堤岸風景
黑色的素描，是生命癱瘓的程序
誰能於傾斜裡喚醒一聲輕嘆
搖擺的影像，低音的微笑
灰枯的墓地，有擦拭碑石的聲響

星月逝去的剎那

不協調的鴉語拼湊周遭風景
遙遠山谷，柴火正燃燒
對著天，對著河流
人們無語默禱，四肢俯臥
卸除憂鬱面具，穿上淋濕的汗衫
在土石翻滾的山坳
揀拾失落的夢。殘破的磚牆
沿著洪水洗刷過的通道
虔敬的張啓眉宇

醉死的蛇身，隱藏岩洞
企圖孵化未曾受精的蛋
山腰旁，花的芳香
淡淡的，跟隨雲霧飄散
啊，黃菊的蹤跡
只能回到晉朝去尋訪。在那裡
除了種菊，除了飲酒

聽不到擾攘雜音
看不到搖晃旗幟
超然的生活，物外的存在
沒有寒風，沒有霜雪
詩歌在菊花和酒香裡傳誦

昨夜，夢在少女懷裡
無端地被驚醒，昨夜
遠古的傳說，自潰決的河堤
悄然登陸。甜美的腳印
滅跡於一次震撼
熟睡的少女，孕育
多彩的巨石，閃爍如電光
在輕揉的睡眼裡
出現一具化石，一具
失去表情的骷髏
飛撞枯黃的樹林

廣場上，狼藉的演唱會
歌手已甩掉麥克風
聽眾依然陶醉在滿地歡呼的迴音
那迴音，將跨越兩座太陽
那迴音，將跨越無數時空
傳向已往，傳向未來
傳向不生不滅，傳向
每個第四季額頭。當夜色更暗
所有衣襟都將脫落，赤裸的身軀
踩踏殘雪去探索可能的夢境

昨夜，已是一條迴旋的狹谷
走在碎石的路面，尖銳的石子
刺痛趕路者的皮肉，顫抖的身影
在蒼茫夜色裡奔走。群山靜坐
雙眼迷失於瞬間甦醒的閃電

鴉聲飛去，貓頭鷹撲翅
黎明之前，第四季消逝之後
將趕赴少女春天的盛宴
佈滿山谷的野花與蝴蝶
當少女從石碑裡起身
必會驚覺自肌膚上滑落的塵埃

作者簡介

滌雲，本名吳龍杉，一九六二年生，雲林麥寮人，曾任軍職，現服務於麥寮郵局。中華民國新詩學會和中國詩歌藝術學會會員。獲一九九三年優秀青年詩人獎。作品選入《一九九七台灣文學選》等多種選集。出版詩集《夢者一九九七》，另《秋思》和《燈屋隨筆》已整理完畢，等待出版。

詹燕山作品

山下・山上

喂——弟兄們，歇著吧
讓我們擦擦汗
坐在半山腰的大塊岩石上
望著這條蜿蜒的小徑
望著這直達山下的道路

喂——弟兄們，歇著吧
暫時以悠閒的心
欣賞這條蜿蜒下山的小徑
它是我們共築的成果
有我們經年流下的血汗

雖是一條蜿蜒的小徑
寸寸都是弟兄們的傑作
有跨過溪谷的彩虹橋
有懸空峭壁的石雕大佛
更有那飛瀑輕騰的水龍

喂——弟兄們，抬頭看看吧
那直上雲海的山巔
還等著我們開闢哪
這一回，我們要在山巔
造一座宮殿
讓天下詩人們，圍坐那裡
一覽眾山小

葡萄園

昔日
曠野上的沙丘　不見了

如今
已是棚藤綠滿園了
一粒粒渾圓的葡萄
晶亮的成串成串的垂懸著
這是詩人們的心血
輕輕的吻一吻
細細的品嚐著
有李白的瀟灑
杜甫的憂患
賀知章的故鄉情
也讓我在葡萄棚下
揮灑血汗
看一粒渾圓的葡萄
飛天

化作閃亮的北極星

風箏

躺在青青的草原上
憶妳　念妳
如絲絲縷縷的情絲
緊繫著遠離故鄉高飛的妳

這時間　這空間
慢慢地愈走愈遠
如那海平面終端的一點
妳的容貌是那樣的模糊

躺在青青的草原上
輕輕地玩弄這絲絲縷縷的情絲
是這樣的勉強
憶起　念起這情絲的那一端

曾經有個妳

笑

懸空的搖籃
甜甜的躺著嬰兒
閒盪在虛空之中
望著似動不動的天花板

我那調皮的食指
不停地　微微地
撥動著她那細嫩的臉頰下的嘴角
這緊閉的嘴角
禁不住的裂成了弦月

大大的眼睛
瞇成了一線天
咯咯的音符　就

自弦月中奔出
撞開了我那深鎖的眉頭

作者簡介

詹燕山，一九五〇年生於基隆田寮河畔。畢業於省立瑞芳高職學校建築製圖科。服務於基隆市政府農林課辦理產業道路、農路及野溪治理工作至一九九七年調漁業課從事漁港工程。餘暇寫詩，滴灑甘露，讓心靈淨如虛空。

落蒂作品

濁水溪微波

一、佐久間鞍部

風吹過堅實的土地
雪下在危危的山脊
億萬年的星光
照射大地寬厚的胸膛
億萬年的太陽
照射高舉的臂膀
大大小小的河流
奔流成濁水溪的源頭
讓千千萬萬尋根者
發現
這裡也是

那裡也是
佇立武嶺高處
望著十四甲公路
一路奔上合歡山
群峰都在腳下
奇萊山系蒼黑岩壁
突兀立在雲霧裡
彷佛
我也立在
眾山之上

二、萬大溪水

彷佛
我也立在山脊
望向
濁水溪的出海口
那是雲林
那是彰化
那是南投

成千上萬的兩岸子民
感受著濁水溪的喜怒哀樂
他們體驗了溪流生氣時
滔天巨浪夾泥沙而下
嘔氣時一滴水也不給
河床盡是礫石
赤地硬是千里
在奇萊山北峰和
合歡山東峰間
正流動著他們的希望
萬大溪的水流
老天，要合理分佈啊
這是千古以來所有子民
跪拜祈求的願望
我站在溪的源頭
也想飛奔而下
成為一滴溪水

三、物種聯想

你相信嗎？當隆起的山稜
多變化的海洋性氣候
拉開了高中低拔海的縱線空間
造物主竟然給予島嶼
熱帶　亞熱帶　溫帶　甚至
寒帶物種
從赤道到極地
所有生態的壓縮
我們看到了針葉林和闊葉林
但你相信嗎？歷史的因緣
人們也有深綠、泛綠、深藍和泛藍
和一座座群巒疊嶂一樣
互爭高低
和曲折弧度不同的山稜
碧綠深淺不一
豈是隨著陽光位移

向陽或面陰的坡面
就會如此神秘
虛實莫辨輪廓模糊
濁水溪的微波
仍日夜奔流哭泣著
見證
人們的某些遭遇以及
渺不可知的結局

四、靜觀村

如此寂靜的山村
右側一條白練　清洌泉湧
左邊一疋銀緞　流泉飛瀑
適於靜觀　更適於冥想
我突然一陣憂傷
追想起那個徘徊復徘徊的老人
一面傾聽大海濤聲
一面靜觀此地山色

站在最高處
看到的應是
永不回頭的奔流
應是心中也有一條奔騰的河流
才取名此村
靜觀
而靜觀之後呢
我的心湖竟也
掀起陣陣洶湧的波濤

後記：本詩之完成曾參考詩人吳晟「筆記濁水溪」乙書。

作者簡介

落蒂，本名楊顯榮，台灣嘉義人，一九四四年生，國立高雄師範大學英語系畢業，國立台灣師大英語研究所結業。曾任高中英文教師多年。現爲專欄作家，有國語日報「新詩賞析」專欄，有台灣時報「讀星樓談詩」專欄。著有詩評集《兩顆詩樹》、《詩的播種者》、《中學新詩選讀——青青草原》，詩集《煙雲》、《春之彌陀寺》、《中英對照落蒂短詩選》等，詩作入選多種詩選。曾獲中華民國新詩學會「優秀青年詩人獎」、「詩運獎」、「詩教獎」、「中國文藝協會文學評論獎章」等。

瘦雲王牌作品

母親的手杖

㈠

五十四年了　我
頂著皤皤白髮
終於回到了久違的故鄉
故鄉迎我張張陌生的臉　以及
母親遺留給我的
一根龜裂欲斷的手杖

手杖無言　我無語
捧杖在手
宛如捧住母親一截枯骨
頓覺心痛如絞

兩眼一片模糊　淚落如雨

(二)

一杖一步
由家門口到船碼頭
一尺一步
由家門口到村莊頭
一寸一步
由病榻到大門口

希望　一天一天枯萎　謝落
失望　一天一天淚濕　如雨
手杖　一天天羸弱　若骨　細瘦
最後　終於承受不住思念的重量
寂然斷裂

從此　母親與我
分隔在兩個世界
飲泣吞淚

喊不出痛

㈢

風止　樹　早已傾倒
返鄉奉養　雙親悉皆見背
只有母親遺留的一根龜裂欲斷的手杖
一塊染有父親血跡與腦髓的陶片
與我　相對飲泣

仰首雲天
雲天無語
俯視大地　大地
一片啞默　於是
茫茫天地間
我成了子昂筆下的
一滴淚

㈣

森林　夢遠
鄉關　路斷

母親走後、你我
皆成了飄萍孤兒
無家可歸　無處駐足

時間，把你我餓成一截細瘦枯骨
一如我被鄉愁烤乾的身子
風拂可揚、掐指可斷
唉！在冷風颼颼的島上
我們靠寂寞充飢
回憶取暖

(五)

癱倒在地
摔斷了的母親的手杖
如一截蒼白、細瘦枯骨
無血　無淚
無呻吟　不喊痛

捧起斷裂的母親的手杖　我

一遍遍呼喚著
無奈回答我的
只有搗嘴冷風　嗚咽而過

㈥

歷經父親頭顱撞缸的
霹靂巨響
愛子投身烽火劇痛
區區摔倒和骨折
算不了甚麼

裂嘴露牙
斷裂了的母親的手杖
笑別人世　安然對天

㈦

青空無垠　物質不滅
生即死　死即生
生生死死　何足掛齒

煉獄　西方
地獄　天堂
今日我滅　明日我生
死死生生　佛日輪迴

不必曰生　勿須言死
生不足喜　死勿傷怨
收起哭泣　抹乾眼淚
塵歸塵　土歸土
讓我　隨風而去……

作者簡介

瘦雲王牌，本名王志謙，民國十八年生，湖北廣濟王牌坑人，陸官二十四期畢。五十三年奉令退伍經商被騙被坑，負債纍纍。曾出版《雜文雜說》、《雜詩雜吟》及《歌詞與朗誦詩》三種。編著、出版有《金絲雀的呼喚》、《當代情詩選》上、下冊、《八十年代詩選》、《先總統逝世九週年紀念專集》及創辦「中華新詩學會會訊」。最近方完成心臟繞道手術，一切平安。現居山中、陋巷，效杜甫、顏回先賢，享草堂、陋巷之樂。

趙　化作品

沉澱

以為磨擦後的
浮塵　微粒
經過時間的洗滌
可以靜放
可以安然無恙

誰料
互動也是一種情緒
禁不起任何的攪拌
留有餘溫的心湖
終於明白
原來　沈澱

竟是另一種逃避

飛

浮在空中的心
為了追尋妳的方向
曾經到處亂竄
不知會飛的妳
此刻在何方？
香港、東京、巴黎
或　舊金山

總在不預期中碰見妳
妳的笑容可掬
形色從容
彷彿春日的陽光
暖射到我的心房
我的心無端掀起亂流

起伏急遽
更失去了方向
祇盼
把心胸寬坦
化做妳永遠停駐的
機場

再生緣

星兒為何眨眼
在深藍的夜空
漾起我心湖
圈圈都是伊人的回眸

月兒為何朦朧
讓相思迷失在
唯美的天籟
我心似潮水

洶湧於無盡的等待

情已用罄
寂寞的小舟
也已航向無岸的海
而在風中游移的
是妳漸行漸遠的背影嗎？

我不能再躊躇
不能再擁抱憂傷
今生無緣結下的
願來生預支一個
終身的守望

六月

妳的情
是六月的風

曖昧萬種
在春柔與夏麗間
拂過
我飄泊的心

妳的愛
似六月的雨
放縱不羈
忽即忽離
牽繫著
我忐忑的心

啊！六月　六月
六月的天空
有陽光的依戀
有雨後的迷惘
如同我們的感情線

在青澀與成熟間
纏纏　繞繞

作者簡介

趙化，福建莆田人。本名林蔚穎，從事出版工作近三十年。現任中華民國新詩協會理事，威穎出版集團負責人，旗下擁有漢藝色研、躍昇、傳統色、喜鵲、春天書店、愛麗思書房、秋水詩社等七家出版社。文章散見海內外。

編有《美麗是緣》詩集。著有《藍色糖罐子》、《趙化短詩選》。

趙秋萍作品

我

冬雨無拘無束的下著
想你的心
漫無目的奔馳
被黑夜圍著
被冷雨淋著
被愛強迫著
被夢拋棄了

晨曦自由自在的來了
想你的心
披上疲憊外衣
被陽光嘲笑著

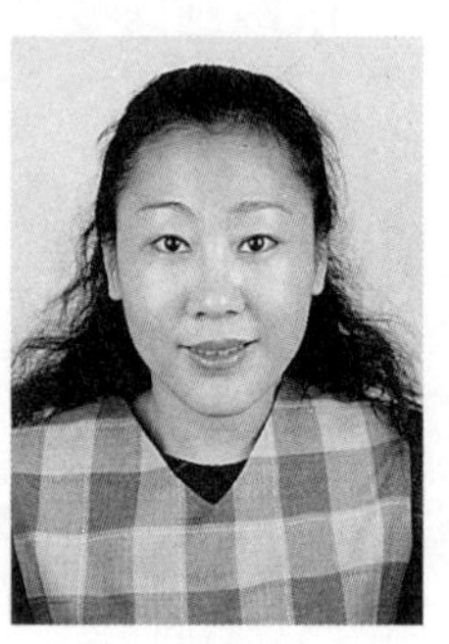

被音樂騷擾著
被美食厭惡著
被自己迷失了

心歌

寶貝
你輕輕的一揮
在我心中塗了一道彩虹
原本那堆滿塵的角落
被彩虹瀰漫了
心，笑著
被你牽走了
也被快樂牽走了

寶貝
你輕輕的一抹
燙平了我褶皺的心

原本被屈辱的靈魂
被真愛裹著
心，暖了
被你呵護著
也被幸福圍繞著

小詩四首

滴

春夜無雨
想你的淚
一滴滴
穿透胸口

灼

夏夜無眠
寫信給你
一封封
寄給星空

風

秋夜狂風
嘶喊著愛
一聲聲
你快回來

燃

雪夜有酒
我飲酒自燃
一頁頁
燃燒著對你的思念

作者簡介

趙秋萍，一九六四年出生於北京，祖籍河南開封，一九九七年隨丈夫來台生子，二〇〇二年取得台灣居留證。一九九九年曾服務於台灣中央廣播電台，主持「婦女園地」一年（兩岸婚姻話題）。現自行創辦「半邊天公司及網站」、「半邊天雜誌」。現屬中國文藝學會、中國詩歌藝術學會、中國新詩學會會員。作品散見各詩、報刊，尚未結集。

潘　皓作品

山的國度

——我最最欣賞的
是它那屹立的莊重

走入深山絕境，我看見風
從藍天的斜坡上，撕下了一片雲
掛在枝頭傾聽春之大地呼吸

於是山，則以如霧的煙嵐
透過陽光剝開各固層巒岩穴晶體
恍若是海上沙鷗飄浮的凝眸

有人說山水是國畫的卷軸
因而它卻耽心其間的每一個景點

如何以潑墨方式烘托得最美

那隱約的是山與山的疊影
岩石的隙縫裡是否有顆紅色砂粒
仍在呼喚曾被飄逝了的記憶

穿過山溪林野，騰空的雲
突將我所有思潮都拋向遠天水湄
甚至那人煙罕至的巒荒沼澤

我所要探索的是山的莊重
且以它那有容的胸懷注入於詩裡
讓一個孤寂者不再自我設限

這時，我與山已溶為一體
和小草們學著去領悟與自然同在
來感受山中歲月無我的超脫

之後，我採了一朵山櫻花
隨著芬芳的風，飄逸的雲悠遊於
濃縮了的一座如甘露的國度

柳絮

與銀沙比白
與棉蕊比柔
與雪花比純比輕

跌而
蕩之

揉碎了翠堤
朦朧的藻飾
且以絲絲的手將那一小朵一小朵
若曲譜的晶芒

潑灑在陽光下閃爍
　羽化為
　流星雨……

俄爾有風拂起
但見，啊
那一小朵一小朵
浮動的光波
忽的飛入秀苑畫廊咖啡座
飛入騷壇——
《三月詩會》的
詩聲裡

這時她卻被
嚼成了浪漫情懷

後記：《三月詩會》，是詩友們雅聚之約的組合，並訂於每月第一個週六下午二時，集會於台北市《秀苑》畫廊的咖啡座品茗論詩。而本月的詩主題爲《柳》，於是乃成斯作。

作者簡介

潘皓，筆名野農，安徽省鳳陽縣人，國立台灣師範大學教育學士、碩士。從事教學及社會工作之研究近四十年，曾任大道雜誌社社長，南亞技術學院、中國文化大學、東吳大學講師、副教授、教授。現任朝陽科技大學教授，暨中國社會工作協會、中國詩歌藝術學會副理事長。著有：《哲思底視界》、《均富社會與經濟發展》、《社會安全制度之規劃與實施》及《中國社會福利思想與制度》等學術論著多種，以及相關論文五十餘篇，頗受海峽兩岸學術界之推崇。

在文藝創作方面，曾著有散文集：《流水十年間》，及《天涯共此時》，及現代詩集：《微沁著汗的太陽》、《在莒集》、《夢泊斜陽外》、《雲飛處》、《雪泥煙波》，尚有《哲思風月》等集亦將陸續出版。

潘雅文作品

春潮

山色迎晚鐘
思絮纏煙嵐
一句鐘聲一禪悟
敲響千山淒迷
偶有細語
寧謐如孤燈
在天籟中化作
幽幽的寂寞

劃不斷水流
點不碎清影
一朵水花一莞爾

綻放滿心喜悅
曾有呢喃
溫潤如茶香
在春潮中化作
淡淡的相思

雪倦山作枕
蜃樓依霞天
一曲柳笛一杯酒
化開浮生悲喜
若有低吟
含香如芝蘭
在微風中化作
綿綿的情愫

流星追長夜
驛馬曳寂寥

一步足印一血淚
斑爛了心路
似有呼喚
柔媚如月色
在跫音中化作
默默的追尋

心經之外

木魚聲聲
敲不開生命無盡藏的奧密
敲不盡存在無常的迷思
諸佛的無上般若
在曼荼羅中吐露神妙的氛圍
若祈禱的佛香佛意皆是空
有情的一切苦厄
卻如煙般彌漫
行深般若的菩薩啊

蓮台清淨不染
但見佛燈灼粲
而諸法空相猶自在光燄中
不生不滅地閃爍

在無明盡處
因緣生生滅滅
在雲頭盡處
行者尋尋覓覓
如果無上的般若
終究是無智亦無得
大慈大悲的菩薩呀
紫竹林間
只有枝葉在風中呢喃
口有浮光在幽徑中
觀照著行者的步履
究竟涅槃

猶自憩息在來時的芒鞋裡

在輪迴的渡頭
但見詭異的光氛照亮航道
紛紜眾生背負著顛倒夢想
苦海無邊
誰說般若的方舟
能渡一切苦難
真實不虛
而生是誘惑　死是謎
救苦救難的菩薩喲
普陀岩前潮音迴盪
蓮花似舟又似筏
猶自承載著
眾生如虛如幻的悲喜

作者簡介

潘雅文，臺灣花蓮人，民國三十五年生，陸軍官校畢業。服務軍中、學校多年，已退休。喜好書法及文藝創作，常有作品發表。現爲中華民國書學會、桃園縣書法學會、桃園縣文藝作家協會會員。

潘　雷作品

上海驚鴻

遠眺外灘
依然十里洋場　熙熙攘攘
近看南京路
依舊車水馬龍　泄泄沓沓
虹橋機場繁忙景象如故
龍華的桃花已舊蹟難尋（註一）
蘇州河依然蜿蜒流過
卻難覓昔日四行倉庫的悲壯遺痕（註二）
往日外來客最愛的四大公司
已在蛻變中被淹沒
卻增添數不清的競高大廈　現代叢林與

一座高聳雲霄的耀眼巨塔
幸好
還隱約聽到金嗓子周旋的　夜上海
在百樂門舞廳裡演奏
祇是遺憾
書攤上已買不到張愛玲的暢銷小說
也難覓以往最風行的東方少年

註一：上海龍華路曾遍植桃花，每逢春季繁花似錦，一陣強風吹過，花瓣飄落如雨，行人經過時如入夢境，曾有一首歌，歌名就是「龍華的桃花」。

註二：名聞中外的四行倉庫，在民國二十六年十一月，全上海都已淪入日寇魔掌，唯有四行守軍不畏砲火孤軍奮戰到底，悲壯感人，曾有一首歌，名爲「八百壯士」至今猶在流傳。

禮讚國風曲藝團

名流薈萃　百藝並陳

南腔北調
融匯成中華傳統文化
源遠流長的恒久長河

祇有這裡
你可以體會到
中華文化的博大　精深與
兼容並蓄的深厚含蘊

祇有這裡
你可以聽到
長江黃河的潺潺與奔騰
五湖四海的爭鳴與優美聲韻

祇有這裡
你才能欣賞到
五嶽三山的豪壯
崑崙秦嶺的不同身影

祝福　祝福
祝福你們更茁壯
不斷帶給大眾歡樂
也能給新生代更多的指引

註：國風曲藝團在南台灣活躍多年，對於傳播中華傳統文化不遺餘力，貢獻卓越；曾獲文建會評鑑爲優良藝術團隊，最近除加強相聲之編練，京韻大鼓之傳承，對於鐵板、竹板快書、漁鼓道情、走唱、數來寶等亦正加強排練；團務正蒸蒸日上，期盼各界繼續鼎力支持與鼓勵，使南台灣唯一保存國粹之藝術團體得以繼續維持於不墜。

木麻黃的泣訴

孱弱瘦小的身軀
自幼就被埋在沙海中
任憑雨打風吹
驕陽曬焦了我的肌膚

誰來關愛　誰來垂憐
我祇有使盡力氣向下抓緊泥沙
祇有這樣
才能減輕風神的摧殘　與
驕陽的炙烤
只有這樣　才能繼續生存

直到春神降臨　大地復甦
我又能迅速伸長身軀
卓立於沙海中
我的夥伴們
也都個個挺直腰桿
迎向朝陽

勁風在我的手指間　衣襟下掠過
我們沒有被擊倒
我們緊抓住這片沙海沙岸

使沙漠不再向內陸延伸
於是很多種植物陪伴我們互相依存
我們使沙岸更美麗
也給大地更多生機
可是
有誰會聽到
我的族人們
在深夜北風中的哀哀泣訴

作者簡介

潘雷本名潘長發，一九二七年出生於安徽省六安市，安徽省立師範畢業，國立台灣師範大學國文系畢業，外語學校英語系畢業。曾任小學、國中、高中教師。現任大海洋文藝雜誌社公關部主任。著作有新詩《皋城尋夢》、《雲幻》、《碑下的沉思》；散文《竹林書簡》、《三代同校》；舞台劇《不速之客》；歌詞《湖溪村之戀》，（抗戰勝利台灣光復五十週年紀念專輯）。

劉建化作品

訝異的窺視

——贈哈爾濱女詩人潘虹莉

妳不經意的打扮
只是一條淺咖啡色的長裙
　一件藍紅方格子上衣
便把自己包紮成緊身的裝束
　　　　　輕俏的秀麗

在廣闊的松遼平原上
一望無垠　無起伏的山勢
而妳卻凸顯長白山脈的駐腳
　　　岡巒嶺峰的挺拔
盡在那胸懷中巍峨突出

我曾小佇在妳胸前
仰望著妳緋紅的面頰
　突出的挺拔
但是啊！只能默默地欣賞
復以訝異的眼神窺視

冷艷的傲視

——贈重慶女作家蒙和平

雪姑娘渴望出嫁
披起一身輕盈婚紗
屹立世界最高峰頂上
冀求與陽光浪子的擁抱
自認為不為人知的冷靜儀態
把所有的物象都凝固於零下
只激發出自己滿腔鮮紅的熱血
漲起了周身的肌膚脈管而流溢

揮灑柔軟的棉絮
平鋪著純白色的景緻
將綻放的五彩奇異花瓣
把一切的污垢盡都掩住
埋藏於自己懷中的最深層處
使浩闊無邊的宇宙更加單純
祇讓靈魂出竅蛻化成美的雪蓮
或是一剪梅的冷艷傲視著大地

長山島的幻夢
——贈山東女詩人張新琦

率領眾多遊客暢遊
一列排開聆聽妳的解説
是妳常在霧色茫茫中起步
復以彩帶搭成一座長長虹橋
飄動著周遭的浪花鑲著裙邊

採擷幾朵雲絮　插在髮髻上
是妳晝夜拋擲日月的繡球
自黃海昇起　落於渤海裡
祇為尋覓自己終身歸宿

風　彈奏一隻夢幻曲
彷如演奏漢唐的深宮怨
妳邀約克勞克斯王子急忙趕來
緩緩挪動履尖　妳擺動著纖腰
踩著籟音與潮起潮落的濤聲
舞於海上　舞於海市蜃樓裡
復在雞鳴山的頂峰遠矚著
不自覺地如一位痴迷者
痴迷天涯深處知音者的夢

美化世人心緒

——贈台灣女詩人封德屏

蒐盡一代名流的文章
　　學者的立論
與社會廣正面文藝訊息
幻化為纖細的縷縷輕紗
去蕪存菁不歇止地編織著
織就了自己冀求不朽的夢
復將此新時代的背景與精神
讓時間長河滿載著史實而去

是妳以超然的智慧
　　卓約的才華
記下五彩繽紛的斑斕
與璀璨耀目的無比絢麗
且把愛心的種子撒播於斯
筆耕文訊田疇阡陌的田園
用自己的腦汁心血不斷灌溉
育成諸多奇葩美化世人心緒

作者簡介

劉建化，學名可煖，筆名丁尼，一九二七年十二月一日生，山東黃縣蘆頭區界溝劉家村。現爲中國文藝協會、中國作家協會會員，曾任中國新詩學會理事、中國詩歌藝術學會常務監事；英國劍橋國際名人傳記中心列入《世界名人錄》、美國世界文化藝術學院贈予「榮譽文學博士」。歷任《葡萄園》、《中國詩歌選》編委；並創辦《桂冠詩刊》自任主編。出版詩集：《豐盈季》、《奔向》、《勝利前奏曲》、《英雄底塑像》、《大陸名勝》、《還鄉拾翠》、《探親遊蹤》、《故鄉風情畫》、《故鄉思念你》、《九歌之旅》、《永恒詩情》、《夢月心曲》、《詩瀾東洄》、《夢繞相思岸》、《靈糧》等十五集。待出版《詩人雕像》等一二九集（其中含兩岸女詩人九十集）。

魯　松作品

暗夜哭聲

昨夜一宵風兼雨
平白的浪潮逆流而上
淚淹腳目哪
尋覓舊時的歡笑
望斷天涯路

深沉的夜色裡
等你，輕輕的腳步聲
聽尖銳的風嘯
每每刺進娘的胸膛
么仔啊，你在哪裡？

當太陽灑落滿地金黃
我願兩肋長出一對翅膀
飛越藍藍的大海
躍過翠綠的山峰
希望聽到你一聲親切的呼叫

年年的等待
我讀過一張張陌生的面孔
數過無數次夜空的星辰
從車站到碼頭
不管你落腳的任何地方

一支異國的流亡曲
演奏成陽關三重唱
離離河邊草
三秋之後
娘的心裡只有夢魘

後記：「暗夜哭聲」，源自美國知名女星梅莉．史翠普主演的一部電影，描寫一位母親因不慎走失幼兒，並苦尋多年，而痛苦一生的故事，觀後有感。

孤挺花

嗩吶，吹奏一曲小登科
把新娘送進了洞房
等待。等到夜深人靜時
一頭半醉不醒的獅子
進洞，倒頭呼呼大睡

天亮，堂前拜舅姑
昨夜的夢魘
化作泥濘的微笑
第一次登台
戲竟唱得如此的淒涼

誰說：宿緣是五百年前修的
月老的紅線
如何牽動兩個陌生的靈魂
天涯、海角，風飆、浪湧
不期然湊成一對冤家

儂本佳人郎多情
奇異的戀曲哪
超越時空的絕唱
彷佛一粒微子墜落塵埃
翹盼，窗前的月夜

油紙傘

話須從頭講起
兩百年前臨盆、分娩
誕生下的女娃兒，又黑又醜
而今，瘦骨嶙峋的身價

隱藏在陋巷深院中
變成了骨董

當年，家住旗山戲劇里
茎濃溪肥沃的水土護養著
老祖母親手調教成
一朵朵出水的芙蓉
在鄉野奇談中
風韻過，也青春過

沒有傲人的麗質
一襲絳色的外衣
不避陽光、雨露
勝過農夫頭頂上的斗笠
走進豪華商場
出盡了風頭

而何年、何月
一群東洋客渡海來台尋春
創世紀幻化成花花世界
從此，她彷佛被打進了冷宮
悠悠數十寒暑。尋芳蹤
在藝術的夾流中，留下一串漣漪

作者簡介

魯松，本名孫宗良，山東省即墨縣人。一九三〇年八月十二日生，國防醫學院畢業。歷任醫師、主任、副院長、院長等職。四十年代即一手握手術刀，一手握筆，寫詩也寫小說，作品散見各報章、雜誌。三十年前，加入葡萄園詩社，爲中堅同仁。魯松十九歲隨軍來台，在軍中服務三十餘年，退役後曾任某軍眷診所主任醫師十二年，現已退休。現任世界華文詩人協會理事、中國詩歌藝術學會員、葡萄園詩社副社長等職。著有詩集：《蒼頭與煙斗》、《鑼聲三響》、《霧鎖陽關》等。

薛　林作品

方塊和圓框的藝術

方塊　孤寂
圓框　亦然
時光　穿過
了無痕

方塊牽著
圓框的手
$15^{C}45^{C}$
$90^{C}180^{C}$
時光從斜度
走過
留下吻痕

一尊尊雕塑
方塊
圓框
疊成的

聽「海的獨白」

——敬致藍海文詩人

心　一腔寧靜
聽「海的獨白」
是傾慕　又是
　　互訴：
心　會說話
海　會唱歌
山　由海底來
魚貝　隨海遷徙

魚貝　殉山
山　屹立

雲　自海上來
　　詢問：

山　不會回答
　　問題
風　以歌代言
死了的魚貝
不會回答　問題
詩人　以詩代言

雪　從海上來
水氣冷凝為
　　晶瑩
雪花飄飛
澱積成雪

雪　受不了
太陽的熱情
哭了　淚
流入溪　流入河
奔騰　回故鄉

雲會回家
雪會回家
山　不會
山的根　卻與
故鄉　相連

山　離故鄉
　多少時日
地質學家
　只是推測
星星說：我知道

我看過：
地球板塊
互撞　擠壓
山就帶著魚貝
直上青雲　矗立

「海的獨白」——
一首絢麗的詩
心　不會讚美
把心靈的——
潮音　汐樂的
　　　影帶
　送給
「海的獨白」的
　　　主人

後記：〈海的獨白〉是藍海文詩人《第一季》詩集中的首輯的楣，也是我歌——

「海的獨白」的一首詩。聽「海的獨白」是我讀後的聯想，也是我讀《第一季》詩集的些許心情，乃拾掇成句，以答謝海文詩人贈書的雅意。

作者簡介

薛林，本名龔健軍。從兒童詩齡算起已六十九年。著作有散文、小說、新詩、兒童詩、幼兒詩、小語、寓言、夢境的詩……近五十種。作品入選美、印、韓、日、八十八、九十二奧運紀念專集詩選。兩岸辞書辭典近二十種。曾出席多次國際會議。曾獲ROC詩運獎、PROC銅鼎金、世界詩人和平獎、九十二奧運百人雅集獎。英國劍橋國際傳記中心一九八二年世界名人錄文學類名人錄，九四年卓有成就名人類，授贈IBC之鑰。美國北卡洛南傳記學會一九八四年國際榮譽名人錄。

薛　雲作品

秋天的路上

空茫、無明……
這一季裡沒有歌
灰濛濛之天際
隱藏詭異的色彩

未曾思量
寂寞和忙碌的分野
當笑聲成為一種刺耳的音階
喜悅突然是奢侈的代名詞

一片黃葉，在路上
與我的腳步碰撞

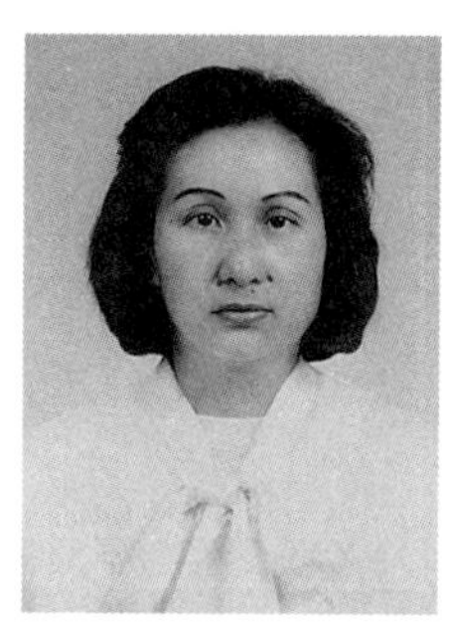

剎那歡愉，卻淌下
眼眶緊鎖底淚珠

黃葉把路上
飄零成美麗的心情
淚躺入秋風裡
溫馨地傾訴人生底滄桑

讀書樂

曾怨聚少離多
恨難掌握他如風去向
似一傳統女子
度過多少寂寞星辰
不如投身書海——
讀古詩詞：
走入時光隧道
探討古人風韻雅俗

傾聽他們暢訴心間掩藏的
淒怨、悲壯、溫柔和婉約
讀魏晉南北朝史：
凝視歷代英雄豪傑帝室傳承
縱橫中華民族遼闊之疆域
自身仿若也來去其中
讀台灣開發史：
終於撕去覆壓心間的眼翳
洞悉自己成長土地，竟有
一頁頁滄桑地血淚史
啊！發現手中的筆
也是一把利刃
可以馳騁歷史的沙場

妒之淚

淚是愛之輓鐘
輕輕敲醒沉睡的夢園

細碎之聲音
撕裂著寂寞底心

風呀！來曠野陪我
陪我放著愛的小風箏
陪我囫圇吞嚥著哀傷
陪我沉默地
狠狠鎖住膨脹底嘆息

春曉

桂花樹排種山徑
相思林裡
花氣繚繞
竹林於遠處隱露
乍見舞動之蝶影
在石階梯間

在堆疊著初紅和初白的
杜鵑花間

令吾欣喜
那流盪之綠意
輕輕沁入心頭
拭擦額眉的汗珠
曳除身懷披掛之冬衣

作者簡介

薛雲，本名薛美雲，一九五三年生於高縣茄萣鄉之海邊，省立高雄商職廣告設計科畢，現就讀空大人文學系，中國詩歌藝術學會、墨原畫會會員。

曾於民國六十三、四年間隨詩人畫家朱沉冬習新詩，於民國八十年隨畫家牟崇松教授學習山水。今隨花鳥名家楊增棠教授學習花鳥畫及山水。認爲人生是永遠的學習。

關 雲作品

聽聽那聲音

我們相依：花徑的跡、蝶舞的輕盈
彼此的淚皆已落盡
身心在屏息凝聽共有的呼吸聲
我們的臥榻並列在花徑裡
共同偷讀莎士比亞全集
我們相偎：無垠的蒼穹下、雲海深處
光影下有林木蒼翠
　　有流水琤琮
日月星辰的光暈從透明的蓋滲進來
心心相印的空間，乃成一
我們共同倒流少年維特的煩憂裡入夢

圓月梳我

愛 在生命的枝頭 且
不眠地
浸在子夜的沉靜中
直到空靈的羽翼
飛舞成瑩潔的詩篇

這是感覺上的圓月
我自始至終地感受這
月圓 將我心境梳理一切
圓圓滿滿
澄亮祥和

星 低語地夜晚

我不知道
它們在渴待甚麼

那高聳的懸念
為甚麼竟被冷凝
千百萬年
它們就這樣高懸著
熱烈　癡情　一廂情願也罷
它們依然只願它們的多情
是小窗
放映一小塊天空
流進第一縷月光
只求用光明燦亮和溫暖
啊　啊
那高貴的讚嘆聲中
有你我生命的閃耀
永不抹滅

清脆之極

我歌我夢我尋

噓
不要出聲
不要鼓噪　更
不要妄言夜色始終似海
中庭一盞盞圓柱的夜燈似已喚醒了
春的諾言
清亮的嗓音
踏著一致的節拍
如同自憐的影子
落在有如貝多芬交響曲的激動
在在皆成喘息

畫卷

山山水水舒展不完的畫卷
都裝進了，盤古醉失了的酒瓶

季節自你來開始
一滴荷葉和草香的露珠
感悟生命在靜默中
用心底的潛流濡濕你葉脈的汁液
欸　欸
想起你的晶眸　如一汪清涼
哦　我懂了
畫一棵樹　小草
畫喱　喱不止的你
在我的感覺裡
我更接近大自然
相信咱的距離　皆
有了一絲屬於春天的暖意　也
用心體會春天的心
縱然從遙遠的棲憩地
仍在在蹦出許多
春一樣的氣息

作者簡介

關雲，本名汪桃源，湖南茶陵人，一九四九年生，空大肄業，曾任《谷風詩報》編輯等，已出版詩集《夢在星光下》。

藍　雲作品

馬櫻丹

三株馬櫻丹
一紫一紅一鵝黃
她們相約來到一座花園中
欲與玫瑰爭短長

不久，她們開始放話
「玫瑰美而不香
且暗藏禍心
常將親近她的人刺傷」

面對她們的挑戰
玫瑰投以不屑的眼光

心想：這些醜陋的麻雀
竟無知地敢來嘲弄鳳凰

這時，走來一對青年情侶
站在玫瑰花前欣賞
祇見那女孩指著一旁的馬櫻丹說
那花有毒，怎會讓她們來這地方

側寫鞦韆

你像無根的浮萍
上不著天，下不著地
縱有凌雲壯志
卻擺脫不了伊人的羈縻

誰能掌握那不測的命運呢
船會傾覆，鳥會折翼
你上下由人

哀樂由不得自己

誰在空氣中撒辣椒粉
——有感於某八卦雜誌創刊的轟動而寫

許是空氣太沉悶
有人昏昏然欲醉猶醒
有人鬱卒憤懣
在眾人百無聊賴時
忽然跑來一隻黑犬
（實則一身花紋）
狺狺然的吠聲
彷彿在空氣中撒了辣椒粉
有人嗆得噴嚏連連
有人哭不出來笑也不行
有人想找個山洞藏起來
有人即便跳到太平洋去洗也洗不清
更有的是那些無所事事的

眼睛　耳朵　嘴巴
樂得享受這廉價的垃圾食品
誰説這裡是沙漠
放眼看去豈非一片春意盎然
且莫問那是蘭芷抑或雜草叢生

誘惑

——參觀羅青畫展「見或不見」一畫有感而作

高懸著的一條魚
一面看是名
一面看是利

對這引人心癢的誘惑
一隻黑貓目不轉睛地盯著在想
如何攫獲它來一飽口慾

而打旁邊經過的那隻白貓

對這散發出一股臭味的魚兒
瞧都不瞧一眼地走遠了

作者簡介

藍雲，本名劉炳彝（另有筆名鍾欽、揚子江等）。一九三三年生。祖籍湖北省監利縣，寄籍湖南省岳陽市。一九四九年至台灣，現居台北板橋。師專畢業，曾任中小學教師三十餘年。五〇年代開始嘗試新詩創作。一九六二年出版處女詩集《萌芽集》，並與文曉村、古丁等共同創辦《葡萄園》詩刊。不久停筆，直至一九八二年以筆名鍾欽在中央副刊發表長詩〈奇蹟〉、〈永恆的火炬〉等重新出發。一九八三年以〈號角〉等三十首短詩應徵國軍文藝金像獎獲獎。一九八四年詩集《奇蹟》出版，獲頒中興文藝獎章、詩教獎。其後出版的詩集有：《海韻》、《方塊舞》、《燈語》及中英對照版的《藍雲短詩選》等。一九九七年創辦新舊合璧之《乾坤》詩刊，自任發行人兼總編輯。

龔　華作品

織女——詩新疆地毯廠有感

那時七夕的歌聲已遠
銀河正飄離軌道
妳眨巴著眼張望對岸
那屬於昨日的蒼茫
其實我們已遠離冷冽的水面
早將逆浪的驚駭埋入喀納斯湖底
懵懂地在地圖上圈著下一個旅站

泅過布爾津的渡口
隨著伊黎河的西流
妳終於在洶湧波濤中繅出絲緒
將一束束雪白的生絲懸掛

染了色的線球在一旁靜靜等待
而蠶蛹可曾悲泣命運
在方才滾燙的繅鍋裡

絞棒精確了傳説的經度
拖曳智慧的緯線穿梭成堅定的神話
魔鬼城驅走了孤獨的魅影
火燄山燃燒起炙烈的情感
塞里木湖沉默的晶藍
也在妳的指尖夢遊
發酵成一朵朵神秘的葵花

由初秋的夢花田裡醒來
許諾在烏魯木齊的紅山下
妳的眼角泛起淚光
高高撐起的織架下
風乾的是老去的夢魘

一幅幅嶄新的溫柔故事裡
卻不見霍爾果斯口岸的滄桑

那時七夕的歌聲已遠
銀河正飄離軌道
織女依然划著宿命的槳
嘗試再度尋找鵲橋的座標
流著汗膜拜的背影
何時絹印在回航版圖的藍本上
密密編織成來世恬靜的信仰

尋找乳白色的夢

——致所有因乳癌而留下傷痕的女性朋友

才說起
春天裡的微寒哆嗦在窗櫺上的清晨
何時鳳凰花已火速煮沸了藍天

蟬鳴嘶嘶搜索著每一個夏日的落角
午寐難安的妳光著腳丫踩醒了刺腳的陽光
樹影間灑落的記憶細細碎碎晶亮了一地

只是時間已悄悄走過
當妳的每一絲笑容猶綰繫在流雲間
妳的每一縷髮絲方熟悉起田裡的稻香
站在灶前挽起秀髮的背影
卻倉惶如風潛入衣櫥裡

那屬於躲迷藏年代的氣味
在胸前的悸動裡低訴著往日成長的故事
妳總是暗自欣喜與母親酷似的眉眼那妙肖的唇
還有懷中與母親一樣的秘密
那羅衫襟口裡埋伏的香甜呼吸
那蕾紗花邊下如拍岸洶湧的波浪

緊緊擁攬著衣衫下的傳説

那朵乳白色的夢在呼嘯的狂風裡帶來豪雨
豐沛尤甚今生的淚水
妳便不再枯坐悶熱的午後
折疊起年少成長的故事
以蕾紗包裹那乳白色的夢壓在箱底

起身推開衣櫥推開窗外已然楓紅的季節
日月風華猶在
只是已盡蟄居夢中
僅剩孤冷的槭楓斜斜飄過妳底衣襟
今年的秋就這樣無聲無息也不作停留
就讓身體去訴説吧
訴説靜靜的血流滋養出的粉紅花蕾
轉眼間已熟透了一生一世
一顆豐碩的果實也因而墜落

當「勿忘我」再次香甜地探索
那不曾屬於記憶列車的軌跡
輕彈指尖的回音竟是胭脂初透的一彎腥紅

妳乃由衣衫下的傳說中驚醒
循著那不曾屬於記憶列車的軌跡
去尋找那朵
墜落且遺失的乳白色的夢
在提早來臨的冬天
第一場大雪紛飛的銀色世界裡

作者簡介

龔華，祖籍四川省，畢業於輔大，曾任雜誌總編輯。現任小白屋詩苑（童詩季刊）社長、中國詩歌藝術學會理事、中華民國新詩學會理事、中國文藝協會監事、乾坤詩社社務委員、創世紀詩社同仁。其作品被譽為在承受新興女性文學思潮激盪的同時，也堅持傳統婦女的美質，呈現溫良貞靜秀美的藝術特質。已出版著作有散文小品《情思・情絲》，詩集《花戀》，中英對照《龔華短詩選》。

國家圖書館出版品預行編目資料

詩藝飛揚／中國詩歌藝術學會編. -- 初版. -- 臺北市：文史哲, 民 92

面； 公分. --（文史哲詩叢；57）

ISBN 957-549-530-6（平裝）

1.

831.86 92020026

文史哲詩叢 ㊼

詩藝飛揚

編 者：中國詩歌藝術學會

出版者：文史哲出版社

http：//www.lapen.com.tw

登記證字號：行政院新聞局版臺業字五三三七號

發行人：彭正雄

發行所：文史哲出版社

印刷者：文史哲出版社

台北市羅斯福路一段七十二巷四號

郵政劃撥帳號：一六一八〇一七五

電話 886-2-23511028・傳眞 886-2-23965656

實價新臺幣四五〇元

中華民國九十二年（2003）十一月初版

ISBN 957-549-530-6